Philip Kiefer

Programmieren lernen mit der Maus

Inhalt

10

11

12

13

1 Programmieren lernen mit der Maus

Mit einem Computer kannst du eine Menge anstellen! Du kannst darauf Hausaufgaben machen, spielen, einen lustigen Film anschauen, die Seite mit der Maus besuchen und noch vieles mehr. Aber ohne die passenden Programme wäre ein Computer nur ein nutzloser Gegenstand. Mit einem Programm sagst du dem Computer, was er tun soll. Programme für den Computer zu schreiben, nennt man auch programmieren. Wie einfach du selbst programmieren kannst, erfährst du in diesem Buch. Die Maus ist dabei stets an deiner Seite und beantwortet dir viele Fragen.

Was bedeutet programmieren?

Der Computer ist ein elektronisches Gerät, das selbst schwierigste Berechnungen durchführen kann. Programmieren bedeutet, dem Computer Anweisungen zu geben, ihm Befehle zu erteilen. Sagst du ihm zum Beispiel, dass eine Figur in deinem Programm in die Luft springen soll, so führt er diesen Befehl aus. Ein Programm besteht aus einer Vielzahl von Befehlen, die du dem Computer erteilst.

Das Programmieren ist sehr wichtig, denn es gibt auf der ganzen Welt viele Millionen Computer. Sie werden in allen möglichen Bereichen verwendet: in der Schule, in der Bank, auf dem Polizeirevier, in Vereinen und, und, und. Kannst du einen Computer nutzen, bist du schon mal klar im Vorteil. Kannst du einen Computer sogar programmieren, bist du den meisten anderen Kindern weit voraus.

Der erste Computer

Als erster funktionierender Computer gilt die Z3. Diese wurde von einem deutschen Erfinder namens Konrad Zuse im Jahr 1941 zusammengebastelt. Einen Nachbau der Z3 kann du im Deutschen Museum in München besichtigen.

Was ist Scratch?

Computer verstehen unterschiedliche Sprachen. Diese Sprachen werden Programmiersprachen genannt. Und davon gibt es eine ganze Menge! Häufig haben Programmiersprachen komische Namen, etwa C++, JavaScript (du sprichst es: DschawaSkript) oder PHP. Auch Scratch (du sprichst es: Skrätsch) ist eine Programmiersprache, aber eine ganz besondere.

In herkömmlichen Programmiersprachen gibst du deine Befehle in Form von Texten. Eine Befehlszeile sieht dann zum Beispiel so aus:

```
for (let i = 0); i < 3; i++) {
```

Das macht einen ziemlich schwierigen Eindruck, nicht wahr? Und zugegeben: Es ist auch schwierig! Deshalb erlernst du das Programmieren mit Scratch. Bei dieser Programmiersprache werden Blöcke verwendet, die du wie Puzzleteile zusammensetzt. Du baust die einzelnen Teile zusammen, bis dein Programm fertig ist. Ganz einfach! Und das sieht dann zum Beispiel so aus:

Mit Scratch kannst du tolle Programme für den Computer erstellen. Du kannst Figuren über den Bildschirm bewegen, aber auch richtige kleine Spiele programmieren. Dabei hast du eine Menge Spaß und lernst immer dazu. Scratch ist für dich der perfekte Einstieg in die Welt des Programmierens!

Seit wann gibt es die Programmiersprache Scratch?

Die Programmiersprache Scratch gibt es seit dem Jahr 2007. Sie wurde unter der Leitung von Professor Mitchel Resnick am MIT entwickelt, einer berühmten amerikanischen Universität.

Was brauche ich zum Programmieren?

Wenn du dieses Buch lediglich liest, wirst du viel Neues und Interessantes erfahren. Doch um das Programmieren wirklich zu lernen, solltest du die einzelnen Programmierprojekte auf einem Computer umsetzen. Welche Art Computer du zum Programmieren verwendest, spielt dabei keine große Rolle.

Außerdem benötigst du eine Internetverbindung. Denn das Programmieren mit Scratch erfolgt entweder direkt im Internet, oder aber es wird dafür ein extra Programm aus dem Internet heruntergeladen. Gut zu wissen: Wenn du das Programm für Scratch aus dem Internet auf den Computer herunterlädst (dazu gleich mehr), musst du danach nicht mehr jederzeit mit dem Internet verbunden sein, um das Programmieren zu erlernen.

Zum Programmieren brauchst du auch einen Elternteil oder ältere Geschwister. Sie sollen dir helfen, wenn es mal ein wenig schwieriger wird. Und sie sollten auch immer in der Nähe sein, damit du dich mit ihnen besprechen kannst, falls dir im Internet einmal etwas merkwürdig vorkommt.

Ansonsten benötigst du nur dieses Buch, das dich Schritt für Schritt in das Programmieren mit Scratch einführt. Arbeite dich Kapitel für Kapitel vor. Du wirst schnell tolle Ergebnisse erzielen!

Was ist das Internet?

Das Internet ist ein Zusammenschluss von vielen Millionen Computern auf der ganzen Welt. Einige dieser Computer sind sehr groß und speichern unzählige Daten. Auf diese Daten kannst du von deinem eigenen Computer aus zugreifen, selbst wenn sich der andere Computer in Amerika befindet. Wenn du im Internet Programme für Scratch schreibst, lässt du diese auf einem Computer irgendwo auf der Welt laufen. Und manche Personen veröffentlichen ihre mit Scratch erstellten Programme im Internet, sodass Menschen aus der ganzen Welt darauf zugreifen können.

Was muss ich wissen?

Dieses Buch bietet dir einen einfachen Einstieg in die Welt des Programmierens. Es werden dir darüber hinaus einige wichtige Sachen rund um den Computer erklärt. Es wäre aber gut, wenn du schon ein wenig Ahnung hast, wie man einen Computer bedient.

Weißt du, wie du einen Computer ein- und ausschaltest? Wie startest du ein Programm? Wie verhältst du dich, wenn auf dem Bildschirm etwas Unvorhergesehenes passiert? Wenn du dich schon richtig gut auskennst, super! Falls nicht, erlerne das Programmieren zusammen mit einer anderen Person, die sich mit Computern bereits gut auskennt. Ihr werdet zu zweit doppelt so viel Spaß haben!

Überfordere dich nicht! Das Programmieren lernst du nicht an einem einzigen Tag. Nimm dir für jedes Kapitel genügend Zeit. Du kannst jederzeit auch mit eigenen Programmen experimentieren. Erst wenn du mit den Funktionen in einem Kapitel wirklich vertraut bist, starte mit dem folgenden Kapitel!

Wir wünschen dir nun viel Freude beim Programmieren mit Scratch!

Programmieren mit der Maus

Die Maus hat noch ein kostenloses Zusatzangebot für dich. Du findest es im Internet unter dieser Adresse: **https://programmieren.wdrmaus.de**. Dort kannst du weitere spannende Programmierprojekte unter Anleitung der Maus umsetzen.

Scratch ohne Internet verwenden

Damit du Scratch auch ohne Internetverbindung verwenden kannst, lädst du das Scratch-Programm auf deinen Computer. Anschließend kannst du Scratch offline (du sprichst es: offlain) verwenden, also ohne Internet. Dazu eine kurze Anleitung:

1. Öffne auf dem Computer einen Browser (du sprichst es: Braoser), also ein Programm zum Aufrufen von Webseiten, und gib die Adresse **scratch.mit.edu/download** ein. Das funktioniert so wie beim Aufrufen der Programmierseite, wie in Kapitel 2 beschrieben. Dort findest du auch noch einige weitere Informationen zum Thema Browser.

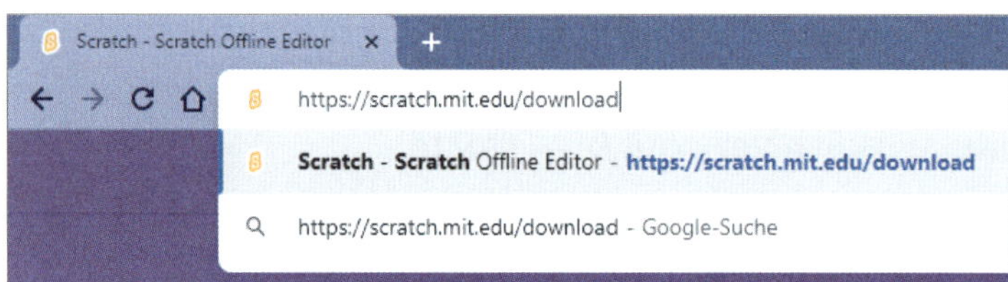

2. Klicke auf der geöffneten Seite auf die Schaltfläche **Direkt herunterladen**.

3. Speichere die Datei an einem beliebigen Ort auf dem Computer ab. Wichtig ist nur, dass du sie wiederfindest!

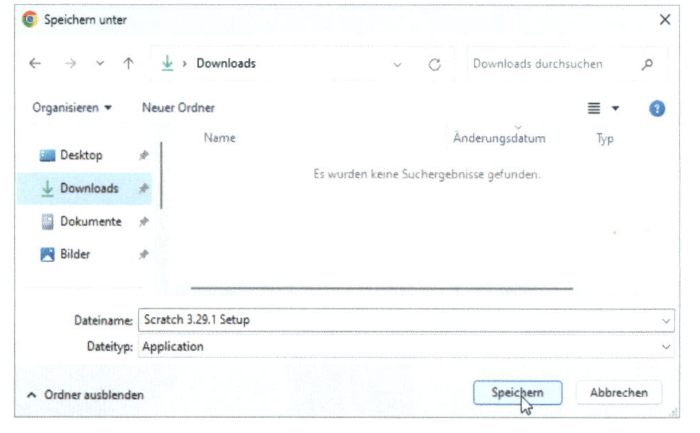

4. Klicke zweimal schnell hintereinander auf die heruntergeladene Datei.

In diesem Fall wurde die Datei im Ordner „Downloads“ gespeichert.

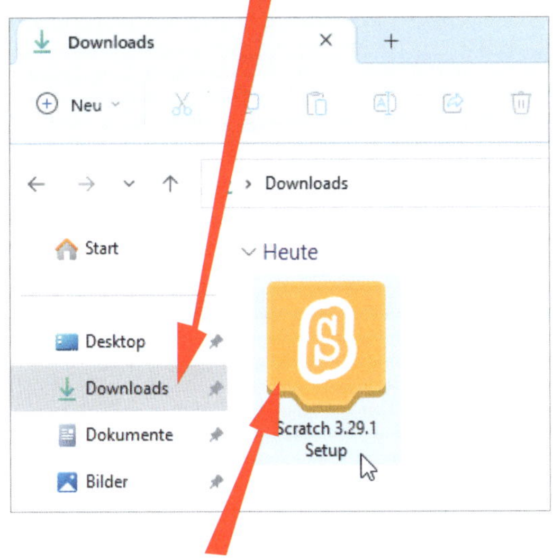

Führe einen Doppelklick auf die Datei aus, um die Installation zu starten.

5. Scratch wird nun auf dem Computer installiert. Folge einfach den Hinweisen im Installationsfenster!

Installation von Scratch 3

Wird installiert ...

Bitte warten Sie, während Scratch 3 installiert wird.

Das Scratch-Programm gibt es für Computer mit Windows, macOS, ChromeOS sowie Android. Es ist völlig kostenlos. Auf den Computern sollte jeweils das neueste Betriebssystem vorhanden sein. Für ältere Betriebssysteme lassen sich bei Bedarf aber ältere Versionen des Scratch-Programms herunterladen.

Nur von der Scratch-Seite herunterladen!

Das Scratch-Programm wird auf vielen Seiten im Internet zum Herunterladen angeboten. Lade das Programm aber nur von der links genannten Scratch-Seite herunter. Dann weißt du, dass du dir keine Schadprogramme mit herunterlädst.

Das Scratch-Programm starten und verwenden

Nachdem du das Scratch-Programm auf dem Computer installiert hast, verwendest du es fast genauso wie die Scratch-Seite im Internet.

1. Verwendest du einen Windows-Computer, klicke in der Leiste unten auf das Symbol, um das Startmenü zu öffnen. Ein Menü auf dem Computer dient dazu, um zwischen mehreren Funktionen auszuwählen.

2. Klicke in der alphabetisch sortierten App-Liste auf den Eintrag **Scratch 3**, um das Scratch-Programm zu starten.

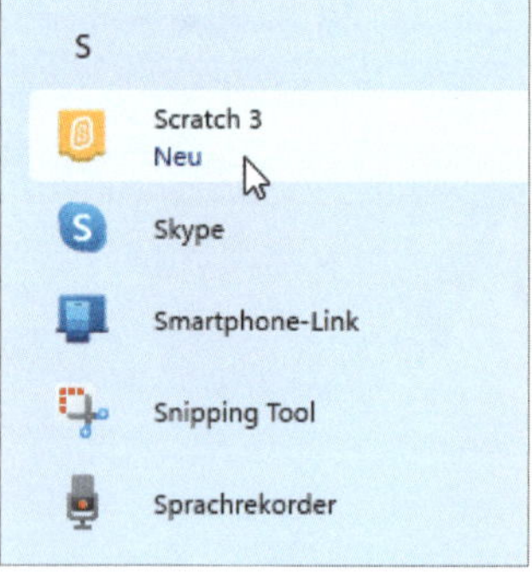

3. Erstelle deine Programme nun ganz genauso wie auf der Scratch-Seite im Internet. Diese wirst du gleich ausführlich kennenlernen.

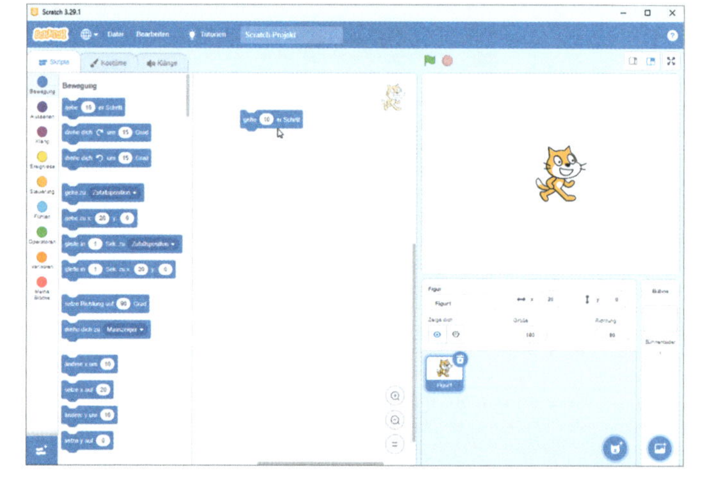

Was mit der Offline-Version nicht funktioniert: Du kannst deine Programme damit nicht im Internet speichern und veröffentlichen. Außerdem kannst du aus dem Programm heraus auch nicht auf die Projekte anderer Nutzerinnen und Nutzer zugreifen. Die verschiedenen Figuren, Bühnenbilder, Klänge und Erweiterungen sind aber auch in der Offline-Version vorhanden.

4. Auch das Speichern des Programms erfolgt so wie auf der Scratch-Seite im Internet. Bloß, dass du dein Programm nicht erst herunterzuladen brauchst, da es sich schon auf dem Computer befindet.

5. Um das Scratch-Programm wieder zu beenden, klicke auf das Kreuzchen (×) ganz rechts oben im Programmfenster. Ein Programmfenster oder Fenster ist einfach die Oberfläche, auf der du ein Programm bedienst.

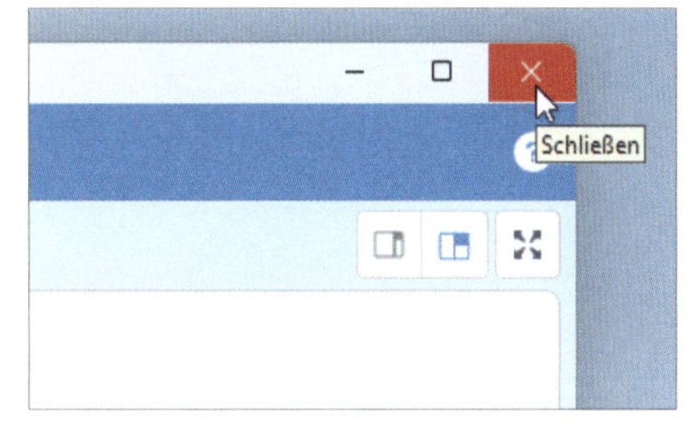

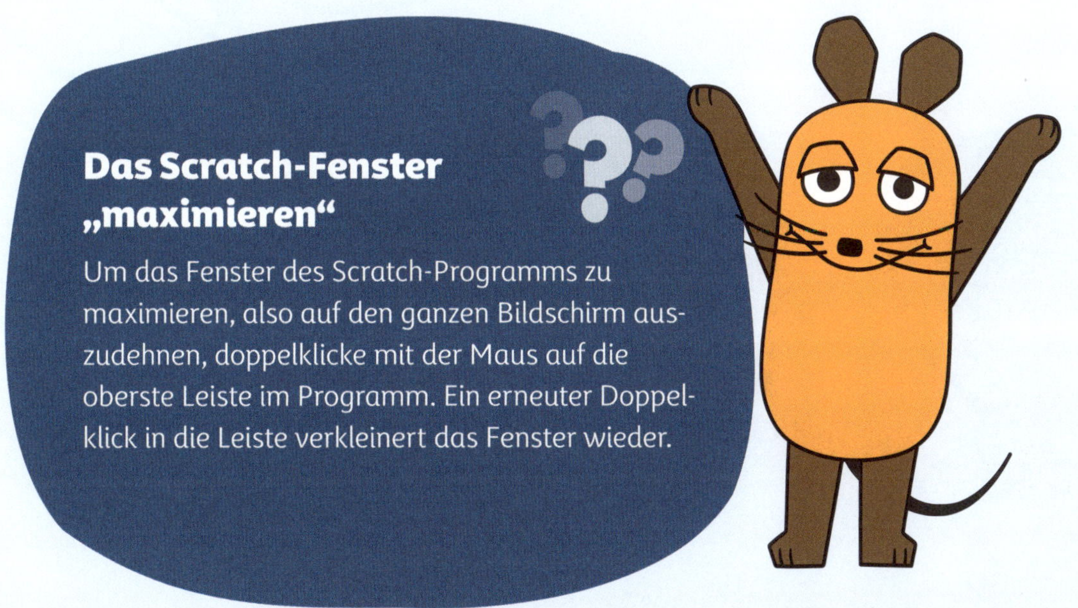

Das Scratch-Fenster „maximieren“

Um das Fenster des Scratch-Programms zu maximieren, also auf den ganzen Bildschirm auszudehnen, doppelklicke mit der Maus auf die oberste Leiste im Programm. Ein erneuter Doppelklick in die Leiste verkleinert das Fenster wieder.

2 Deine ersten Programmier-schritte mit Scratch

Programmieren, das ist so wie malen oder sich eine Geschichte ausdenken. Du selbst bestimmst, was auf dem Bildschirm geschieht. Zum Beispiel bewegt sich eine Katze in die Richtung, die du vorgibst. Und du kannst die Katze sogar sprechen lassen. In diesem Kapitel gehst du die ersten Schritte mit Scratch. Du lernst die Umgebung kennen, in der du programmierst. Du machst dich mit wichtigen Funktionen rund ums Programmieren vertraut. Und du gibst schon deine ersten Programmierbefehle.

Die Programmier-seite aufrufen

Um Programme mit Scratch zu erstellen, benötigst du ein anderes Programm. Klingt komisch, ist aber so. Du verwendest entweder das in Kapitel 1 vorgestellte Scratch-Programm oder du rufst die Umgebung zum Programmieren mit Scratch in einem Browser auf. Der Browser ist ein Programm zum Öffnen von Seiten im Internet. Dazu gehört auch die Scratch-Seite. So gehst du vor:

1. Öffne auf dem Computer einen Browser. Hier wird zum Beispiel der Browser Google Chrome verwendet (du sprichst es: Guhgel Kroum). Weitere gängige Browser heißen Firefox (das sprichst du: Faierfox), Microsoft Edge (das sprichst du: Maikrosoft Edsch), Safari oder Opera.

Klicke mit der Maus auf den Namen des Browsers.

Mit diesem Symbol öffnest du das Startmenü.

2. Bewege den Mauszeiger in das Adressfeld des Browsers, und klicke auf die linke Maustaste. Blinkt im Adressfeld bereits die Eingabemarkierung, kannst du dir diesen Schritt sparen.

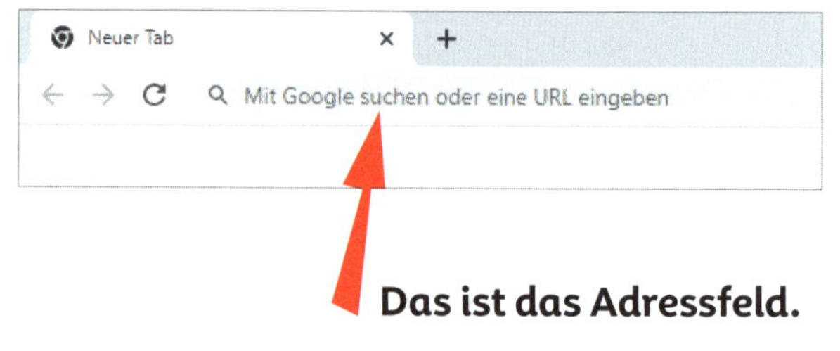

Das ist das Adressfeld.

3. Nun tippst du die Adresse der Scratch-Seite in das Adressfeld. Die Adresse lautet: **scratch.mit.edu**.

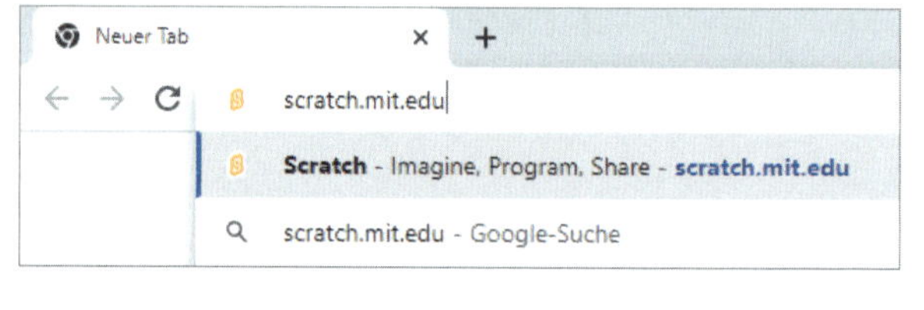

4. Drücke auf der Tastatur die ↵-Taste.

5. Daraufhin wird die Scratch-Seite geladen und auf dem Bildschirm des Computers angezeigt. Es kann einen Moment dauern, bis sich die Seite aufgebaut hat. Klicke oben auf **Entwickeln**, um zur Programmierseite zu gelangen.

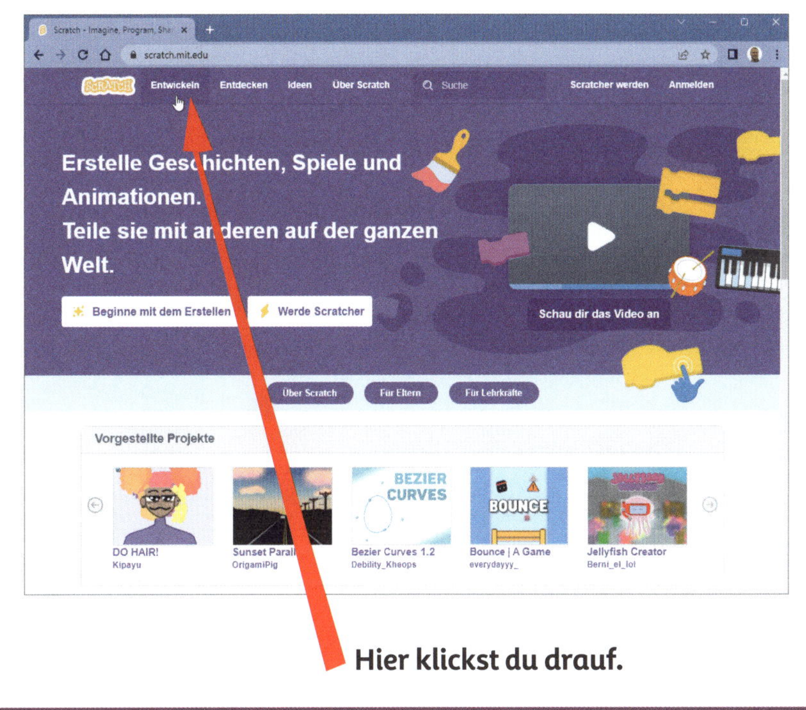

Hier klickst du drauf.

Ohne Internetverbindung programmieren

Um mit Scratch auch ohne Browser und Internet zu programmieren, bitte deine Eltern, den kostenlosen Editor auf dem Computer zu installieren. Wie das gemacht wird, steht in Kapitel 1.

Übrigens kannst du Scratch auch auf einem Tablet-PC (du sprichst es: Täblett-PC), etwa einem iPad, verwenden. In diesem Fall klickst du nicht mit der Maus, sondern tippst mit dem Finger.

Finde dich auf der Programmier-seite zurecht

Die Programmierseite sieht auf den ersten Blick ziemlich schwierig aus. Verschaffe dir zunächst einen kleinen Überblick über die verschiedenen Bereiche auf der Programmierseite. Die sieht so aus:

Die Menüleiste bietet unterschiedliche Funktionen zum Verwalten von Programmen. Unter „Einstellungen" kannst du die Sprache ändern sowie eine andere Darstellung der Farben wählen.

Ganz links siehst du eine Leiste mit bunten Kreisen. Dort wählst du die Art der Befehle aus, die du in deinem Programm einsetzen willst.

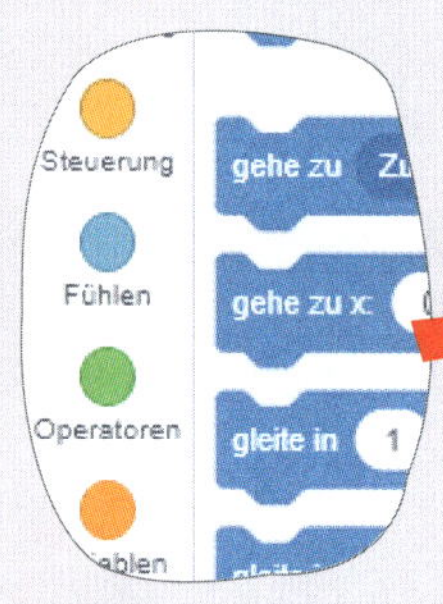

Diese Blöcke enthalten die Befehle. Wie du damit umgehst, wirst du in diesem Buch lernen.

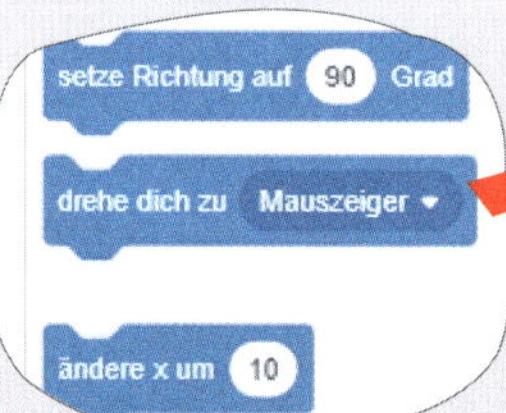

Dieser Bereich ist zu Beginn noch leer. Hier entstehen deine Programme. Nennen wir den Bereich deshalb Programmbereich.

Du verstehst im Moment noch nicht, was das für ein Theater mit Bereichen, Bühnenbildern und Kostümen sein soll? Keine Bange! Du wirst gleich anfangen, mit Scratch zu programmieren. Dann wird dir alles klar werden.

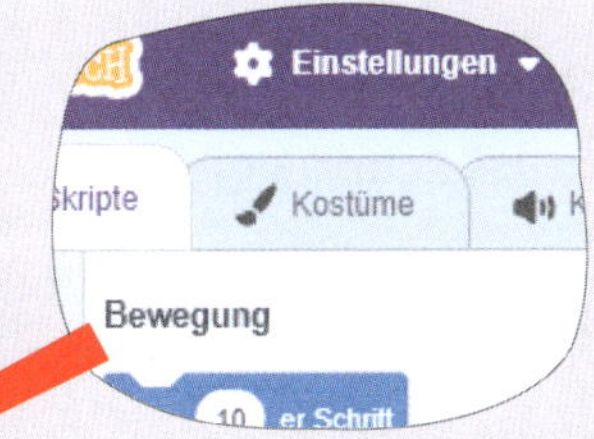

Eine Figur kann den Arm mal hängen lassen, mal ausstrecken. Unterschiedliche Versionen einer Figur werden in Scratch „Kostüme" genannt. Und die kannst du unter diesem Tab ansehen und bearbeiten.

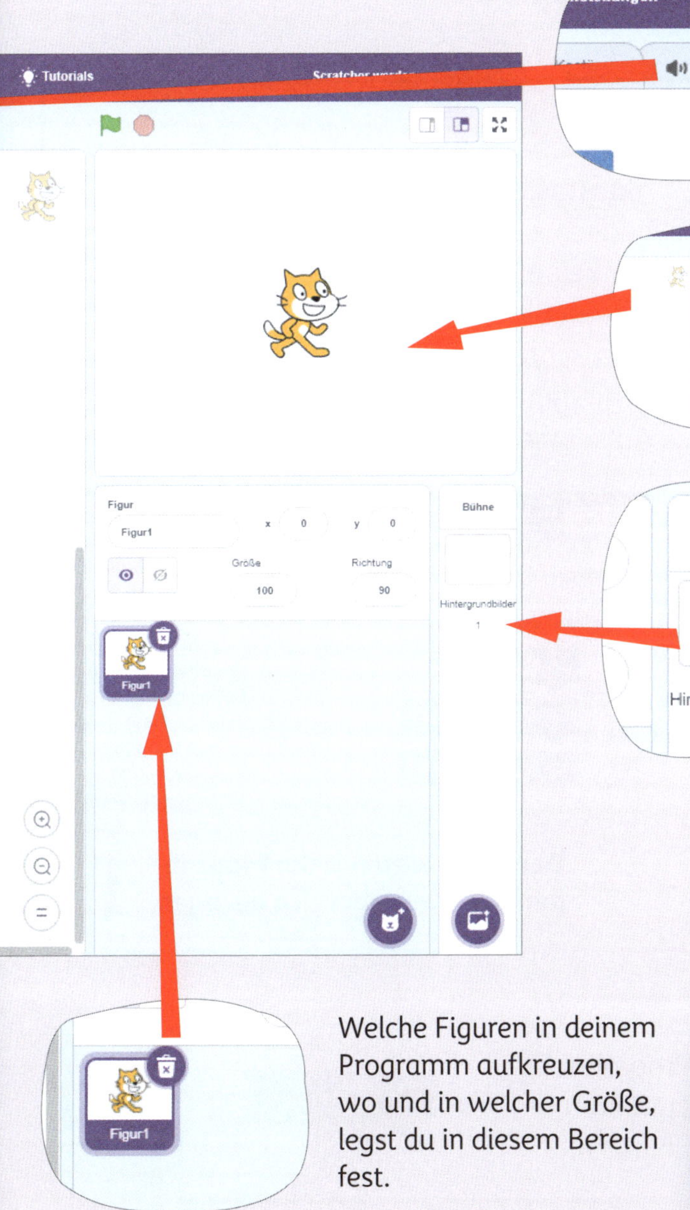

Lautsprecher an, dann hörst du den Klang! Denn natürlich können deine Programme auch Töne ausspucken. Klänge anhören und bearbeiten – das geschieht unter diesem Tab.

Deine Programme lassen sich direkt auf der Programmierseite ausführen, und zwar in diesem Bereich. Nennen wir ihn Anzeigebereich.

In diesem Bereich bestimmst du das Bühnenbild, also den Hintergrund für dein Programm.

Welche Figuren in deinem Programm aufkreuzen, wo und in welcher Größe, legst du in diesem Bereich fest.

Brauchst du „Tutorials"?

Wenn du die Programmierseite aufrufst, wird zusätzlich ein Fenster mit „Tutorials", also Anleitungen, geöffnet. Dort findest du ein kurzes Video in englischer Sprache und einige Programmierinfos. Diese benötigst du aber nicht unbedingt. Klicke ruhig auf **Schließen**, um das Fenster zu entfernen.

Mach, dass die Katze läuft

Du kannst jetzt in Scratch deinen ersten Befehl erteilen. Eine Figur ist schon vorhanden: die Katze. Mit deinem Befehl soll sich die Katze nach rechts bewegen. Das sind die Schritte:

1. Klicke mit der Maus auf den Block **gehe 10er Schritt**. Halte die linke Maustaste gedrückt.

Klicke diesen Block an, und halte die Maustaste gedrückt.

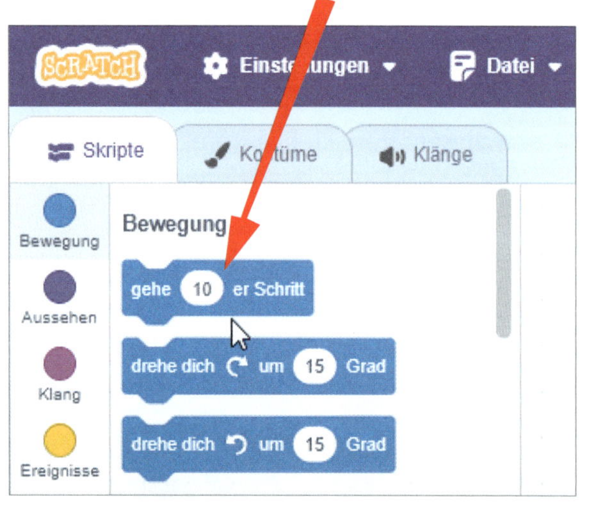

2. Ziehe den Block bei gedrückter linker Maustaste in den noch leeren Programmbereich. Lass die Maustaste los. Es spielt gar keine Rolle, wo im Programmbereich du den Block platzierst. Sinnvoll ist es aber schon, ein Programm links oben beginnen zu lassen – so wie einen Text im Aufsatzheft.

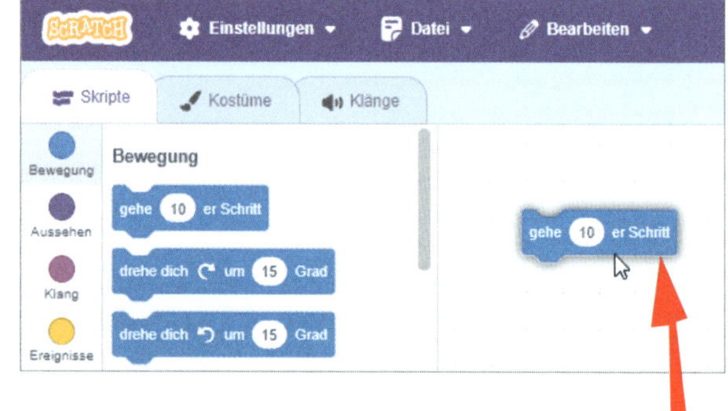

Der Block wird mit der Maus in den Programmbereich gezogen.

3. Schon hast du deinen ersten Programmierbefehl erstellt! Um den Befehl auszuführen, klicke auf den Block im Programmbereich.

4. Du stellst fest, dass sich die Katze im Anzeigebereich nach rechts bewegt. Klicke auf den Block, sooft du magst!

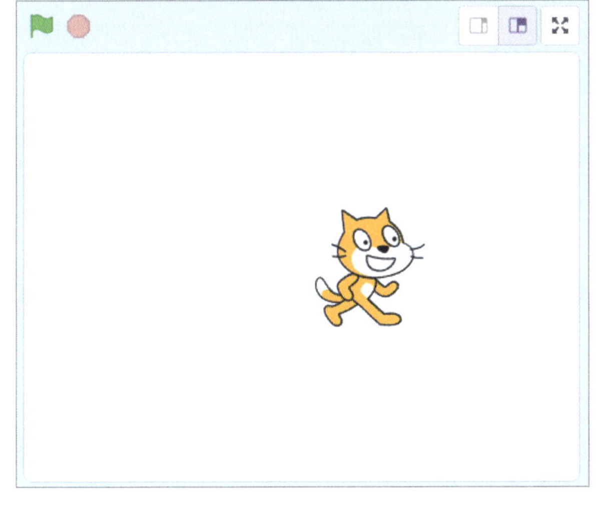

5. Die Katze ist am rechten Rand angelangt? Dann klicke sie an, halte die Maustaste gedrückt, und ziehe sie in eine neue Position.

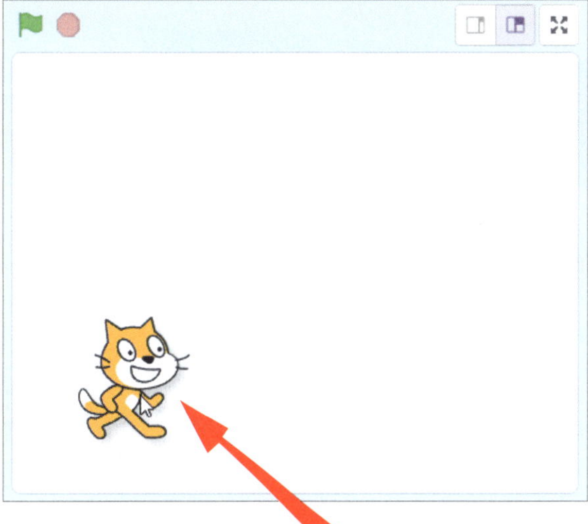

Die Figur lässt sich mit der Maus in eine andere Position ziehen.

Mit einer Taste wieder zum Anfang zurück

Möchtest du wieder die leere Programmierseite erhalten? Dann drücke einfach die Taste F5 ganz oben auf der Tastatur deines Computers, um die Seite zu erneuern. Oder du wählst in der Menüleiste **Datei** und dann **Neu**. Es kann daraufhin noch ein Hinweis erscheinen, den du bestätigst. Aber aufgepasst: Dein Programm geht dadurch verloren. Es sei denn, du speicherst es, wie du später in diesem Kapitel noch lernen wirst.

Bestimme die Anzahl der Schritte

Du hast mit einem kleinen Befehl die Katze laufen lassen. Normalerweise geht die Katze mit einem Mausklick 10 Bildpunkte vorwärts. Du kannst aber auch dafür sorgen, dass die Katze größere oder kleinere Schritte macht. Mach aus dem 10er-Schritt zum Beispiel einen 5er-Schritt:

1. Der Block **gehe 10er Schritt** befindet sich bereits im Programmbereich. Klicke mit der Maus in das weiße Feld, in dem die **10** steht. Klicke erst in das Feld, wenn sich der Mauszeiger in einen Strich mit einem Querstrich an beiden Enden verwandelt hat – in das Cursor-Symbol (Cursor sprichst du: Körser)! Du siehst das Cursor-Symbol in der Abbildung. Der Cursor ist einfach eine Markierung, die dir zeigt, wo die nächste Texteingabe erfolgt.

Im weißen Feld wird die Anzahl der Schritte angegeben.

2. Gib auf der Tastatur die gewünschte Zahl ein. Statt 10er-Schritten soll die Katze 5er-Schritte machen. Deshalb tippst du auf der Tastatur die Zahl 5 ein.

3. Drücke die ↵-Taste, um die Eingabe der Zahl zu bestätigen.

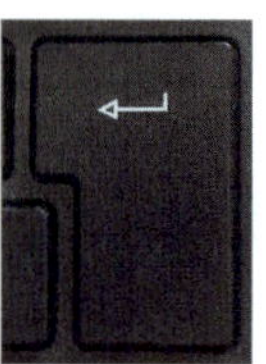

4. Siehst du? Jetzt heißt der Block **gehe 5er Schritt**.

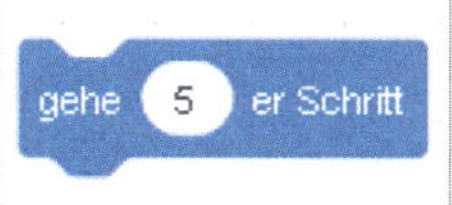

5. Klicke mehrfach auf den Block. Die Katze macht im Anzeigebereich nun kleinere Schritte.

Versuche es noch mit anderen Zahlen! Gib mal eine 1 ein, damit sich die Katze gaaanz langsam fortbewegt. Dann probiere es mit der Zahl 100, und beobachte, wie die Katze flitzt. Ziehe die Katze an den linken Rand des Anzeigebereichs, damit sie genug Platz hat, um sich nach rechts zu bewegen!

Warum wird die Schrittlänge in Bildpunkten angegeben?

Computer haben unterschiedliche Bildschirme. Und auf den Bildschirmen werden Dinge in unterschiedlichen Größen angezeigt. Deshalb wird die Schrittlänge einheitlich in Bildpunkten angegeben. Alles, was du auf dem Bildschirm siehst, setzt sich aus Bildpunkten in verschiedenen Farben zusammen. Zu einem Bildpunkt kannst du auch Pixel sagen.

Einen Befehl verdoppeln

Du hast den Block gehe 10er Schritt in den Programmbereich gezogen. Und du weißt, dass du daraus den Block gehe 5er Schritt oder gehe 100er Schritt machen kannst. Damit die Katze schneller geht, kannst du den Block aber auch verdoppeln. Zwei 10er Schritte ergeben einen 20er Schritt. So gehst du zum Verdoppeln eines Blocks vor:

1. Zeige mit der Maus auf den Block im Programmbereich, und klicke ihn dieses Mal mit der rechten Maustaste an. Wie schon geschrieben, kann Scratch auch auf einem Tablet-PC genutzt werden. Dann erfolgt ein rechter Mausklick in der Regel durch Antippen und Gedrückthalten eines Blocks.

Klicke den Block mit der rechten Maustaste an.

2. Bei dem Block wird ein Menü angezeigt. Man nennt dieses auch Kontextmenü. Wähle in diesem Menü mit der linken Maustaste den Eintrag **Duplizieren**.

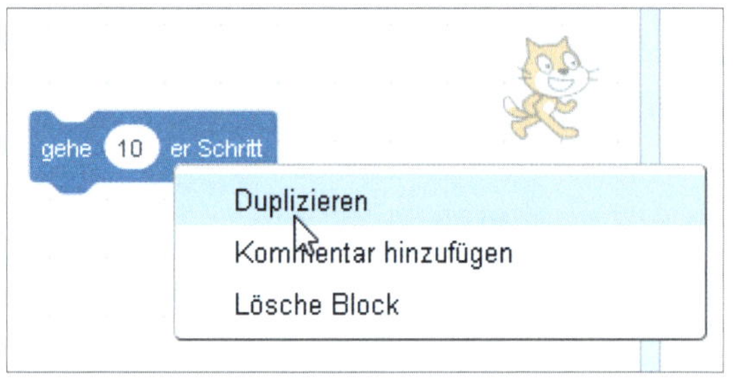

3. Ein zweiter Block „klebt“ nun am Mauszeiger. Bewege ihn direkt unter den ersten Block, um ihn an diesen anzuheften.

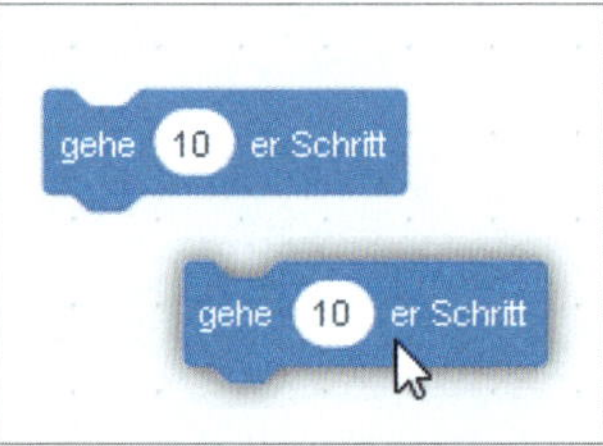

4. Die beiden Blöcke bilden nun zusammen ein Programm.

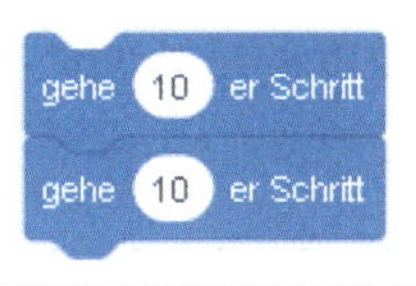

5. Klicke auf die Blöcke, damit die Katze sich im Anzeigebereich im doppelten Tempo bewegt.

Klicke auf die beiden Blöcke.

Die Katze bewegt sich pro Klick doppelt so weit.

Was bedeutet das Wort „duplizieren"?

Statt „verdoppeln" findest du in Scratch und in vielen anderen Programmen auf dem Computer das Wort „duplizieren". Die Bedeutung von verdoppeln und duplizieren ist die gleiche. Aber das Wort duplizieren stammt aus der lateinischen Sprache. Etwas, das dupliziert wurde, nennt man Duplikat.nennt man auch Duplikat.

Hallo Welt!

Du hast sicher Spaß daran, wenn sich die Katze auf deine Befehle hin über den Bildschirm bewegt. Nun fügst du noch einen Block hinzu. Dieser Block lässt die Katze einen Text sprechen, den du selbst vorgibst. Etwa diesen Text, den jeder waschechte Programmierer und jede Programmiererin kennt: „Hallo Welt!“

1. Die Blöcke zum Bewegen der Katze befinden sich schon im Programmbereich. Nun klickst du in der Leiste ganz links auf den Kreis **Aussehen**.

Klicke auf diesen Kreis.

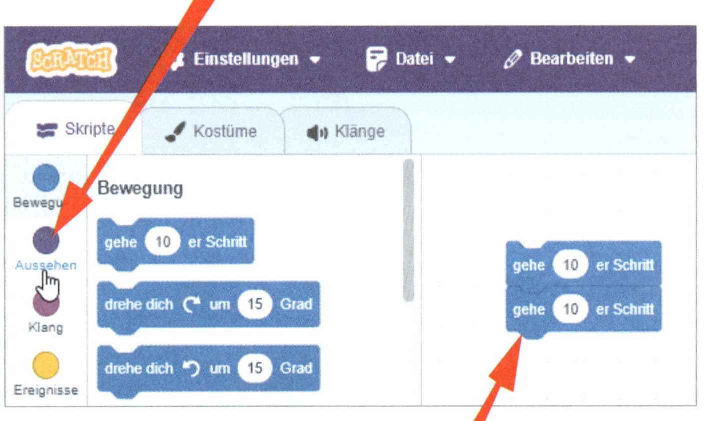

Die Blöcke zum Bewegen der Katze sind schon vorhanden.

2. Klicke auf den Block **sage Hallo!**, und halte die linke Maustaste gedrückt.

Wähle diesen Block aus.

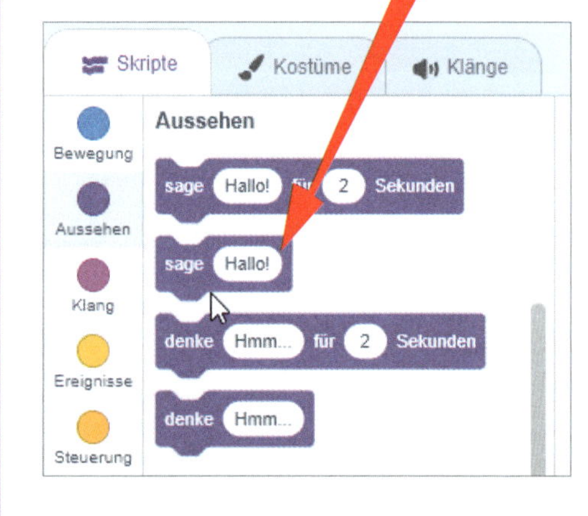

3. Ziehe den Block bei gedrückter linker Maustaste in den Programmbereich. Hefte ihn unten an die bereits vorhandenen Blöcke an.

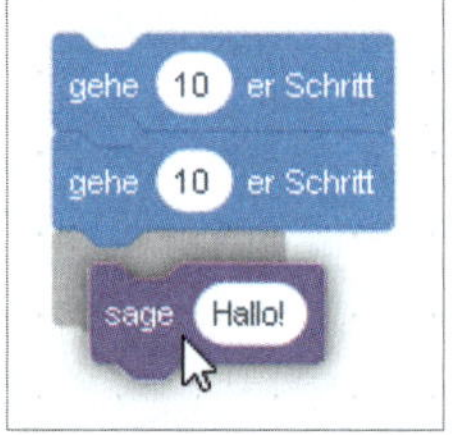

4. Ähnlich wie beim Ändern der „Schrittlänge“: Klicke auf den vorhandenen Text, und tippe auf der Tastatur deinen eigenen Text ein.

Klicke auf den vorhandenen Text, tippe deinen eigenen Text ein, und bestätige mit der ↵-Taste.

5. Klicke auf die Befehle, um diese im Anzeigebereich auszuführen. Dein Text wird in einer Sprechblase ausgegeben.

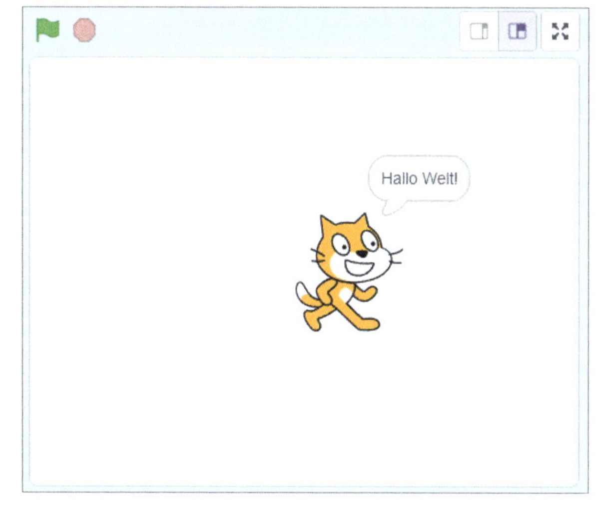

Soll der Text nach einer bestimmten Anzahl von Sekunden ausgeblendet werden? Dann wähle statt sage Hallo! den Block sage Hallo! für 2 Sekunden. Statt einer Sprechblase kannst du bei der Katze auch eine Denkblase anzeigen lassen. Dafür stehen die Blöcke denke Hmm... und denke Hmm... für 2 Sekunden zur Verfügung.

Programmierer sagen oft „Hallo Welt!“

Wer anderen das Programmieren beibringen möchte, verwendet dazu oft Hallo-Welt-Programme. Das sind einfache Programme, die auf dem Bildschirm den Text „Hallo Welt!“ ausgeben. Hallo-Welt-Programme werden schon seit den 1970er-Jahren verwendet. Denn wer das Programmieren erlernen möchte, startet mit einfachen Programmen und steigert sich dann nach und nach.

Einen Block wieder löschen

Manchmal möchtest du beim Programmieren einen überflüssigen Block wieder loswerden. Das ist gar kein Problem. Einzelne Blöcke löschst du auf diese Weise:

1. Klicke den Block, den du löschen möchtest, im Programmbereich mit der rechten Maustaste an.

2. Wähle im Kontextmenü den Eintrag **Lösche Block**.

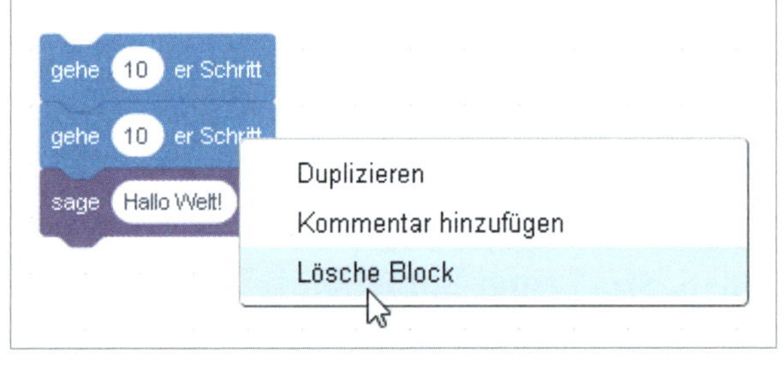

3. Der nicht mehr benötigte Block wird daraufhin sofort entfernt.

Blöcke durch Ziehen mit der Maus löschen oder verschieben

Du kannst Blöcke auch löschen, indem du sie mit der Maus anklickst und bei gedrückter linker Maustaste zurück in den Bereich mit den Blöcken ziehst. Die Blöcke kannst du so auch an eine andere Stelle im Programm ziehen. Aber aufgepasst: Wenn du auf diese Weise einen Block ziehst, ziehst du auch die unten angehefteten Blöcke mit!

Alle Blöcke auf einmal löschen

Oder möchtest du im Programmbereich klar Schiff machen, also alle dort vorhandenen Blöcke löschen? Folge dazu dieser Anleitung:

1. Klicke mit der rechten Maustaste auf eine leere Fläche im Programmbereich.

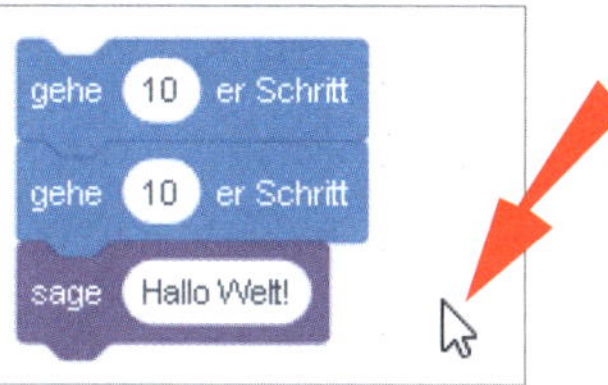

Klicke mit der rechten Maustaste in den Programmbereich, aber klicke keinen Block an!

2. Wähle im Kontextmenü den Eintrag **Lösche 3 Blöcke**. Statt 3 kann natürlich auch eine andere Zahl angegeben sein, je nachdem, wie viele Blöcke sich im Programmbereich befinden.

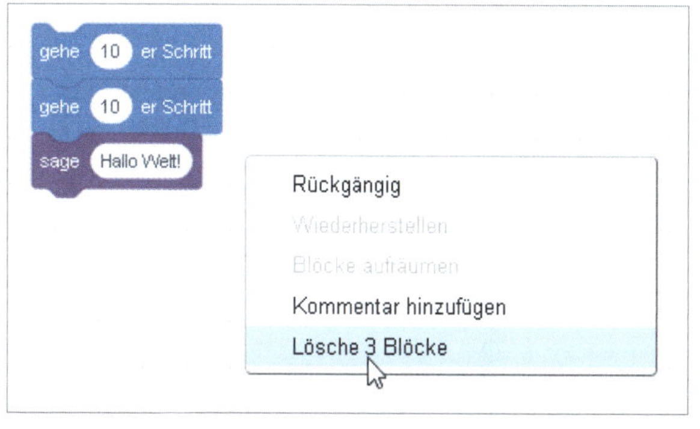

Du hast die Blöcke aus Versehen gelöscht? Dann klicke mit der rechten Maustaste in den Programmbereich, und wähle im Kontextmenü den Eintrag Rückgängig. Die soeben gelöschten Blöcke erscheinen daraufhin wieder.

Deine Programme speichern

Um die von dir erstellten Programme zu sichern und jederzeit wieder öffnen zu können, speicherst du diese auf dem Computer ab. Das bedeutet, dass das Programm als Scratch-Datei auf dem Computer abgelegt wird. Das ist eine wirklich einfache Sache:

1. Klicke in der Menüleiste auf **Datei**.

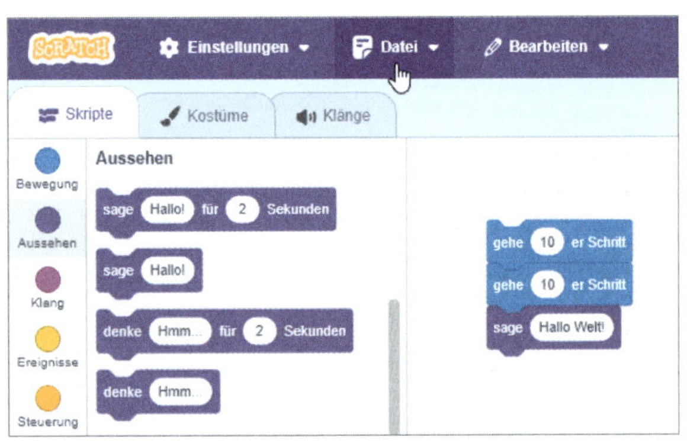

2. Es öffnet sich ein Menü. Klicke in diesem Menü auf den Eintrag **Auf deinem Computer speichern**.

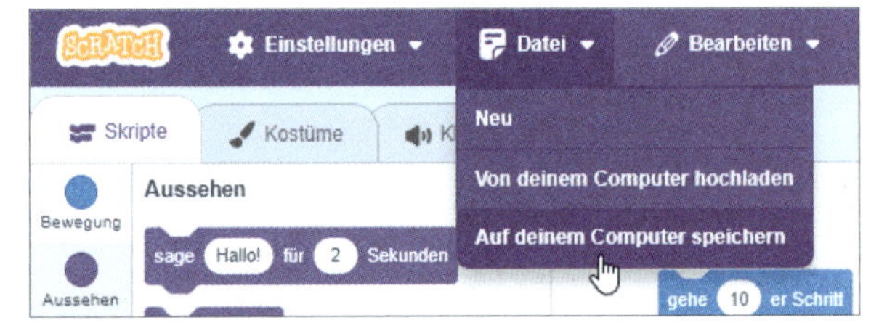

3. Manchmal startet das Herunterladen der Datei automatisch in den Ordner „Downloads“. In diesem Fall wird aber zuerst der Speicherort abgefragt. Hier wird ein Ordner mit dem Namen „Scratch“ gewählt.

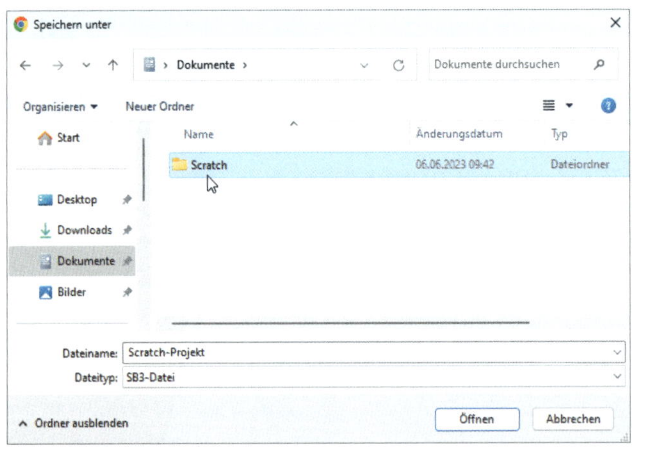

4. Vergib eventuell noch einen anderen Dateinamen, und bestätige mit **Speichern**.

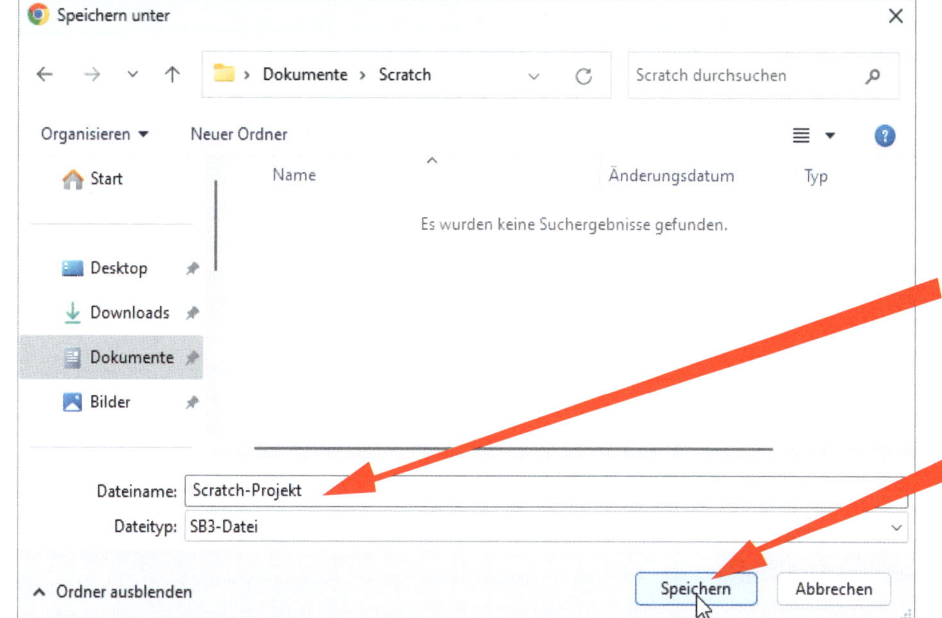

Gib der Datei einen sinnvollen Namen, damit du sie auch nach einem Jahr wiedererkennst.

Bestätige das Speichern mit einem Mausklick.

5. Die Scratch-Datei befindet sich nun am gewählten Speicherort auf deinem Computer.

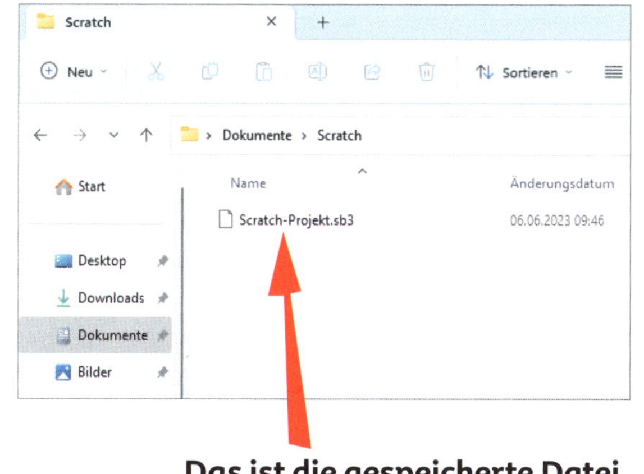

Das ist die gespeicherte Datei.

Was ist eine Datei?

Eine Datei kannst du dir wie einen Schulhefter vorstellen. In diesem Schulhefter ist alles gesammelt, was zu deinem Programm gehört. Die Scratch-Datei enthält alle Informationen, die Scratch benötigt, um dein Programm erneut zu öffnen.

Öffne deine gespeicherten Programme

Denke daran, alle deine Programme zu speichern. Du kannst sie dann auf einfache Weise wieder auf die Scratch-Seite hochladen und wiederverwenden. Wie du ein gespeichertes Programm öffnest, zeigt dir diese Anleitung:

1. Auch zum Öffnen eines gespeicherten Programms wählst du in der Menüleiste **Datei**.

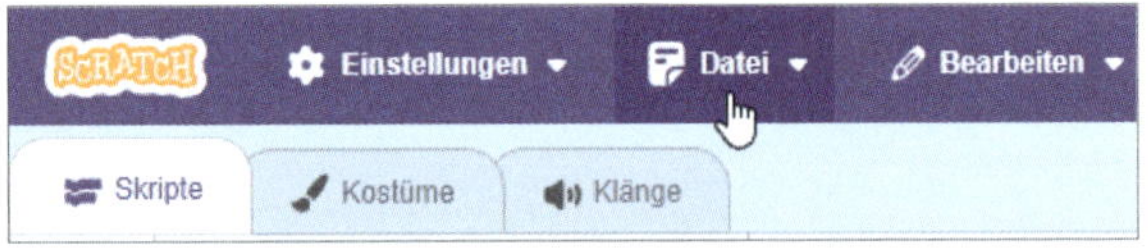

2. Entscheide dich im Menü dieses Mal für den Eintrag **Von deinem Computer hochladen**.

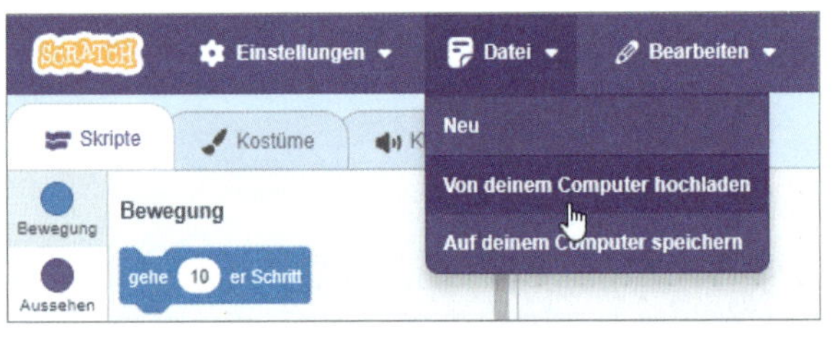

3. Öffne den Speicherort der Datei, und klicke die Datei mit der Maus an.

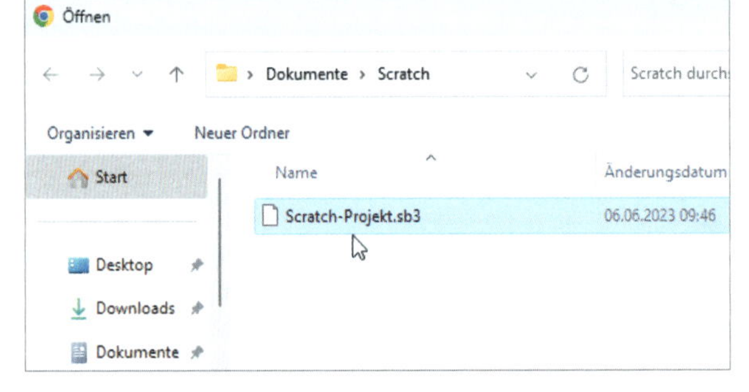

4. Bestätige mit **Öffnen**, um die Datei hochzuladen.

5. Das Programm steht prompt wieder auf der Programmierseite zur Verfügung, und du kannst es dort bearbeiten oder starten.

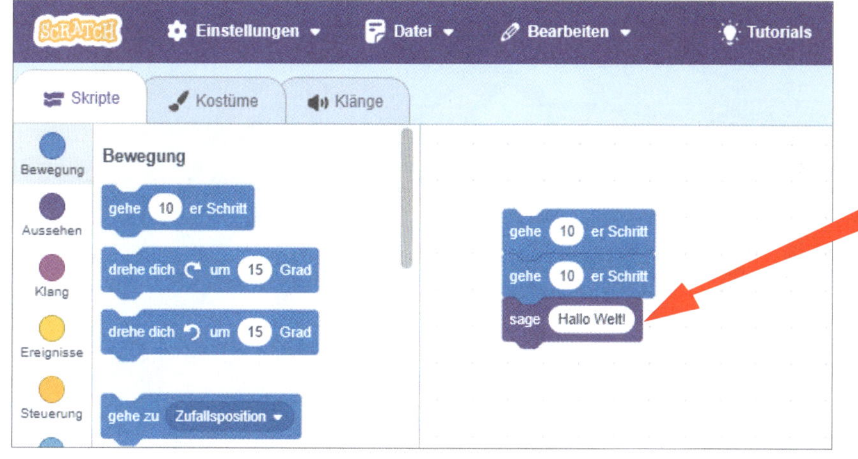

Das zuvor gespeicherte Programm wurde vom Computer auf die Scratch-Seite hochgeladen.

Scratch-Dateien haben übrigens die Endung .sb, .sb2 oder .sb3. Deine Scratch-Datei könnte also zum Beispiel Mein Programm.sb3 heißen. Die Endung der Datei ist wichtig, damit Scratch weiß: „Aha, diese Datei kann ich öffnen." In kommenden Scratch-Versionen könnten noch die Endungen .sb4, .sb5 und so weiter dazukommen. Mach dir darüber aber keinen großen Kopf.

Achtung beim Herunterladen aus dem Internet!

Wenn du deine eigenen Programme von der Scratch-Seite auf den Computer herunterlädst, passiert nichts Schlimmes. Aber lade ansonsten ohne Absprache mit deinen Eltern keine Dateien aus dem Internet herunter! Diese könnten gefährliche Viren enthalten, die sich dann auf dem Computer ausbreiten.

3 Geklickt, gedrückt – und die Katze wird verrückt

Du allein bestimmst, was in deinen Programmen passiert – und wann es passiert. Soll eine Figur über den Bildschirm fliegen, wenn du mit der Maus klickst? Oder möchtest du eine Figur mit verschiedenen Tasten auf der Tastatur steuern? Das lässt sich ganz leicht umsetzen. Wie du das mit Scratch programmierst, liest du in diesem Kapitel.

Bring der Katze das Fliegen bei!

Können Katzen eigentlich fliegen? Na, klar doch! Zumindest auf dem Computer ist alles möglich. Schreibe ein einfaches Programm, mit dem du die Katze von einer Stelle zu einer zufälligen anderen Stelle fliegen lässt. Dazu brauchst du lediglich den passenden Block auszuwählen und anzupassen:

1. Klicke mit der linken Maustaste auf den Block **gleite in 1 Sek. zu Zufallsposition**, und halte die Maustaste gedrückt.

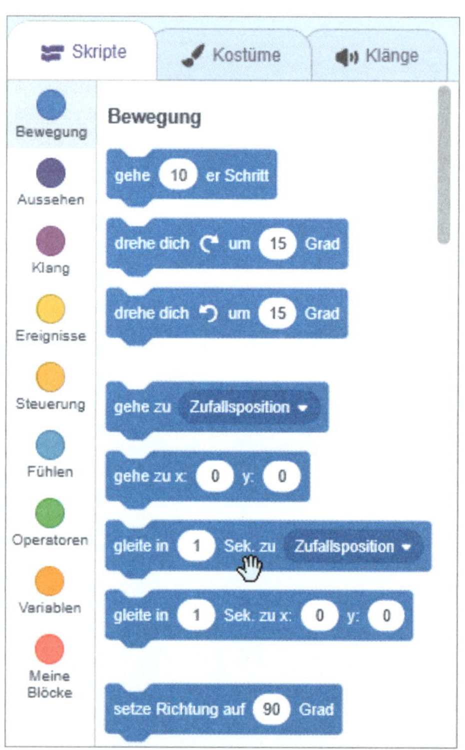

2. Ziehe den Block bei gedrückter linker Maustaste in den Programmbereich, und lass die Maustaste dann los.

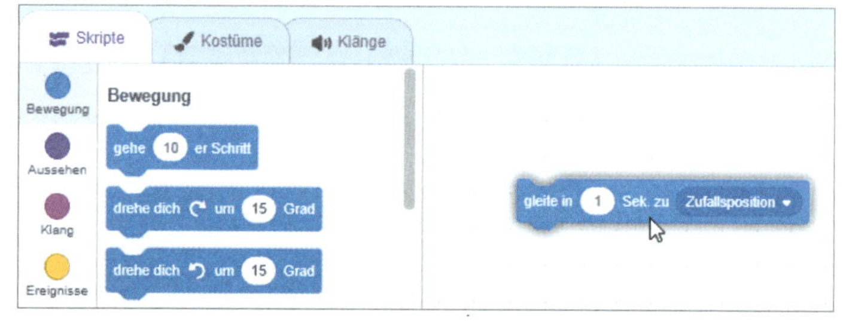

3. Die Katze soll nicht zu schnell fliegen. Deshalb ändere die Zeit, in der die Katze von einer Stelle zur anderen gleitet. Klicke auf die **1**.

4. Tippe eine **2** ein (oder eine höhere Zahl), und bestätige mit der ↵-Taste.

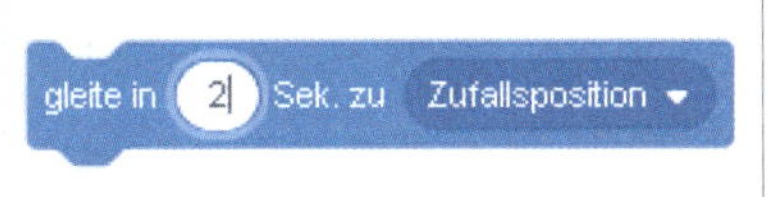

5. Nun kannst du dein Programm wieder ausprobieren, indem du es anklickst. Bei jedem Mausklick auf das Programm fliegt die Katze durch den Anzeigebereich.

Klicke auf den blauen Block im Programmbereich.

Die Katze fliegt von einem Ort zum anderen.

Bisher hast du vor allem blaue Blöcke verwendet. Diese stehen für Befehle, mit denen du eine Figur in Bewegung bringst. Du kannst sie laufen oder fliegen lassen oder dafür sorgen, dass sie sich dreht. Wenn du magst, experimentiere noch ein wenig mit anderen blauen Blöcken, bevor du dein Katzen-Flugprogramm weiterschreibst!

Blöcke nicht verwechseln!

Verwechsle den Block **gleite in 1 Sek. zu Zufallsposition** nicht mit dem Block **gehe zu Zufallsposition**. Wenn du diesen Block wählst, befindet sich die Katze nach dem Mausklick sofort an einer zufälligen Stelle – ohne dort hinzufliegen.

Programme mit der grünen Flagge starten

Um deine Befehle auszuführen, musst du nicht unbedingt auf die Blöcke im Befehlsbereich klicken. Stattdessen kannst du ein Programm im Anzeigebereich mit einem Klick auf die grüne Flagge starten und mit einem Klick auf das rote Stoppzeichen beenden. Dazu brauchst du einen weiteren Befehl der Art „Ereignisse“. Diese Blöcke sind gelb. Mit einem Ereignis beginnst du ein Programm. Bleiben wir beim Beispiel der fliegenden Katze:

1. Der Block **gleite in 2 Sek. zu Zufallsposition** steht bereits im Programmbereich. Wähle nun in der Leiste links den gelben Kreis.

Diesen Block hast du schon eingefügt.

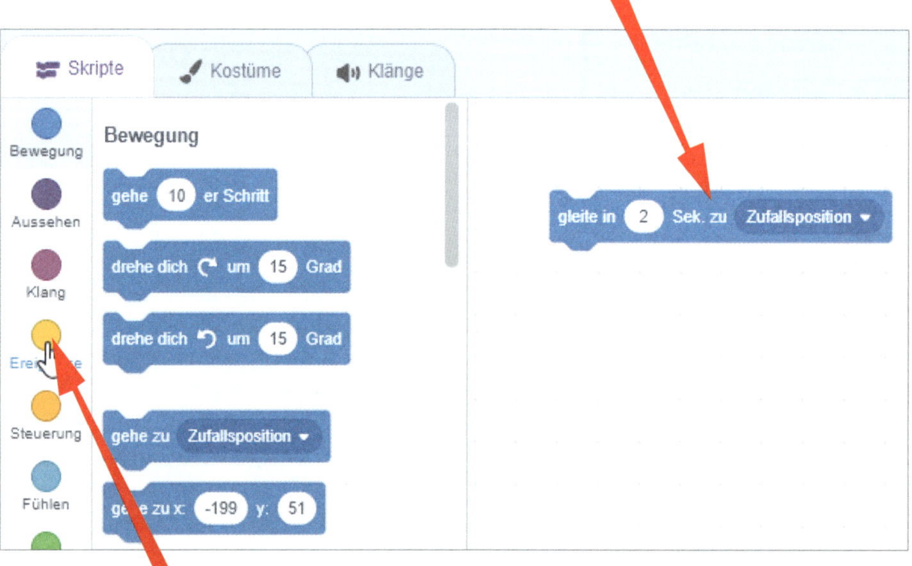

Klicke auf den gelben Kreis, um dir die Befehle der Art „Ereignisse“ anzusehen.

2. Klicke auf den obersten Block, nämlich **Wenn 🏴 angeklickt wird**. Halte die Maustaste gedrückt.

3. Ziehe den Block in den Programmbereich, und hefte ihn oben an den Block **gleite in 2 Sek. zu Zufallsposition** an.

Die Blöcke ähneln Puzzleteilen. Dadurch siehst du schnell, wie du die Blöcke anheften kannst.

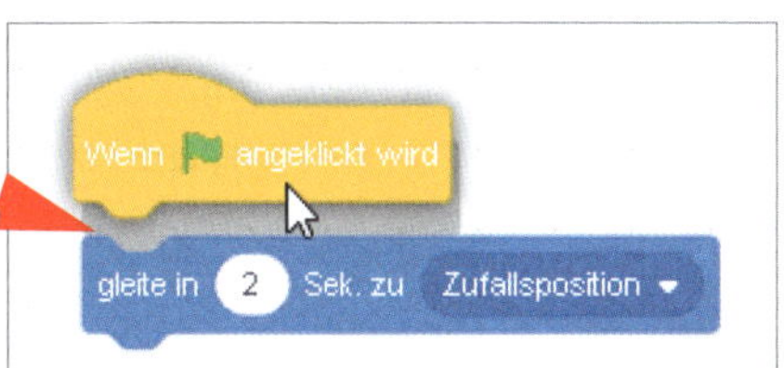

4. Jetzt klicke im Anzeigebereich auf das Symbol ⛶.
Du vergrößerst den Anzeigebereich dadurch.

Klicke auf dieses Symbol, um den Anzeigebereich zu vergrößern.

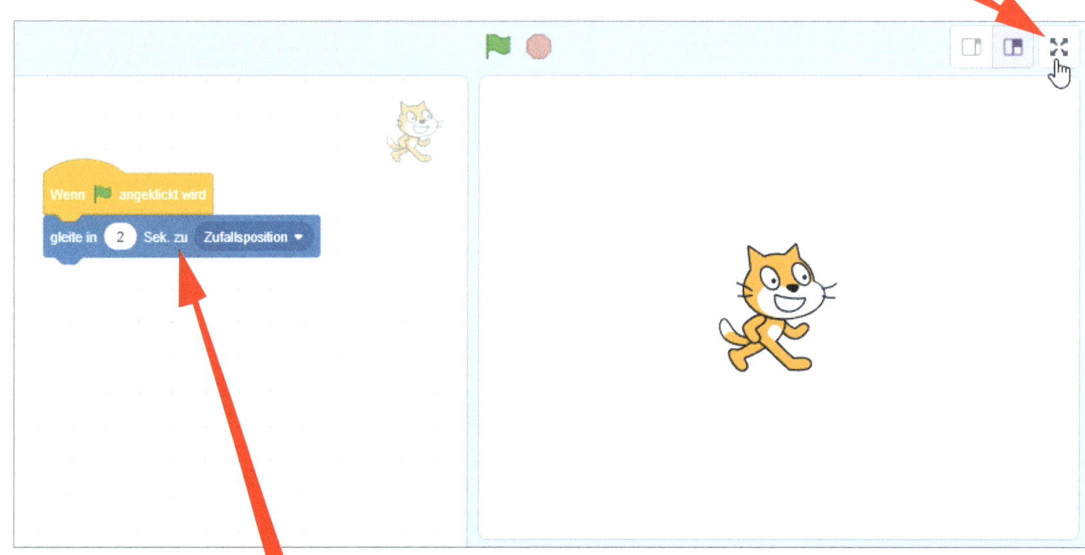

Das ist das Programm, das nun aus einem gelben und einem blauen Block besteht.

5. Jetzt ist nur noch der Anzeigebereich sichtbar. Um das Programm zu starten, klickst du auf das Symbol .

Klicke auf dieses Symbol, um dein Programm zu starten.

Mit diesem Symbol gelangst du zurück zur normalen Ansicht.

Möchtest du ein laufendes Programm beenden, klicke auf das rote Achteck ( ).

Zurück zur normalen Ansicht mit einer Taste

Der vergrößerte Anzeigebereich wird auch „Vollbildkontrolle“ genannt. Um zur normalen Ansicht zurückzugelangen, kannst du auch die Esc-Taste drücken, die sich meistens links oben auf der Tastatur befindet. Esc steht für Escape (das sprichst du: Iskäip). Es ist das englische Wort für „entkommen“.

Miau, miau!

In einem anderen Programm hast du die Katze mit einer Sprechblase „Hallo Welt!“ sagen lassen. Nun lässt du die Katze in ihrer Sprache sprechen: „Miau, miau!“. Voraussetzung ist lediglich, dass ein Lautsprecher an den Computer angeschlossen ist. So programmierst du den Katzenjammer:

1. Lösche zunächst die vorhandenen Blöcke. Klicke dazu auf den obersten Block. Halte die Maustaste gedrückt. Ziehe die Blöcke in die Leiste links zurück.

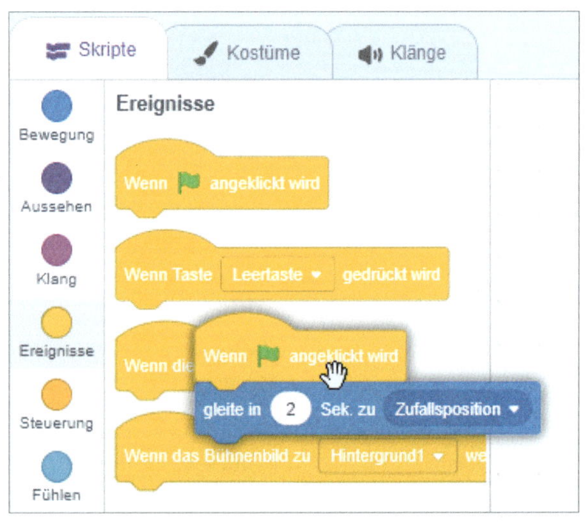

2. Jetzt klickst du auf den violettfarbenen Kreis **Klang**.

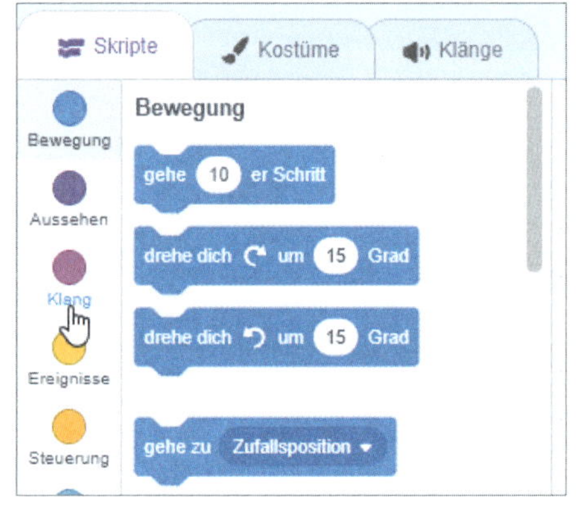

3. Klicke auf den Block **spiele Klang Miau**, und halte die Maustaste gedrückt.

4. Ziehe den Block bei gedrückter linker Maustaste in den Programmbereich. Dort lässt du die Maustaste los.

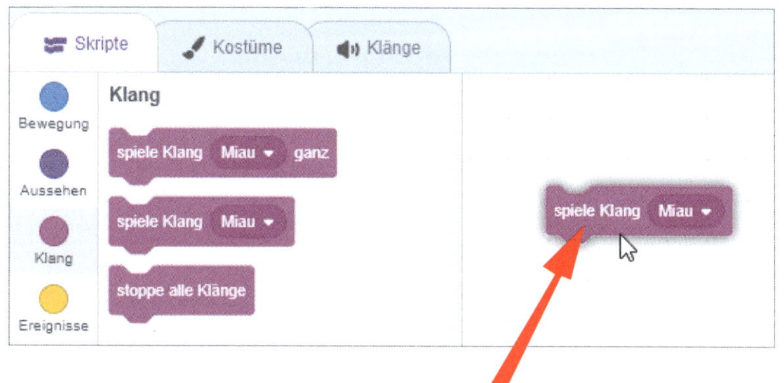

Der benötigte Block wird bei gedrückter linker Maustaste in den Programmbereich gezogen.

5. Klicke den Block im Programmbereich an. Und schon miaut die Katze.

Für die Katze steht erst mal nur der eine Klang, das Miau, zur Verfügung. In Kapitel 6 erfährst du aber noch, wie du über ein Mikrofon sogar eigene Klänge aufnehmen und einer Figur zuweisen kannst.

Was bedeutet Drag-and-drop?

Wenn du einen Block bei gedrückter Maustaste in den Programmbereich ziehst, so nennt man das auch Drag-and-drop (das sprichst du: Drägg änd dropp). Es ist englisch und bedeutet übersetzt „Ziehen und Fallenlassen". Auf einem Tablet-PC ziehst du einfach direkt mit dem Finger statt mit der Maus. Du verwendest Drag-and-drop zum einfachen Bewegen von Elementen.

Mal lauter, mal leiser

Nun erweiterst du das Katzenjammer-Programm. Du legst Tasten fest, mit denen du die Miau-Lautstärke bestimmst. Nimm dir für das Programmieren etwas Zeit, denn es wird schon etwas schwieriger:

1. Klicke auf den Block **ändere Lautstärke um -10**. Halte die Maustaste gedrückt, und ziehe den Block auf eine freie Stelle im Programmbereich. Aufgepasst! Der Block soll in diesem Fall nicht an den anderen Block angeheftet werden!

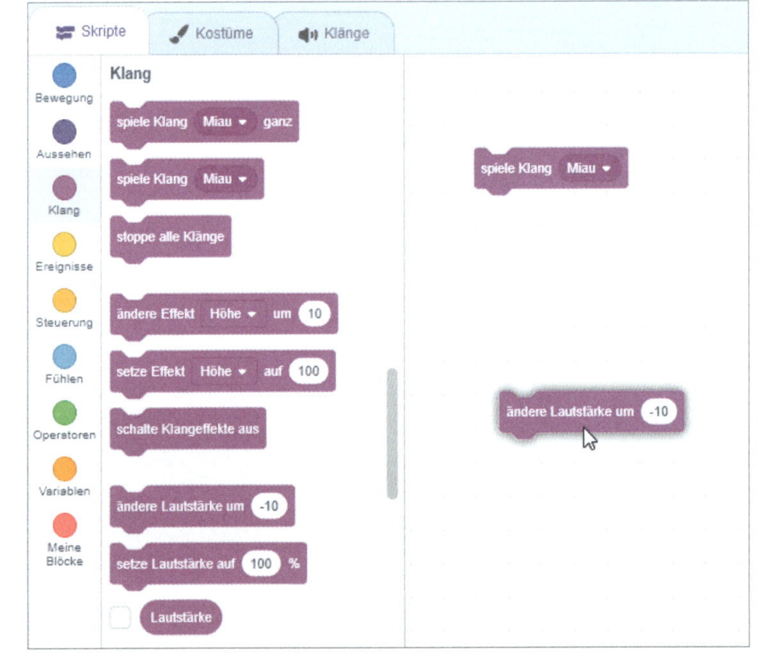

2. Als Nächstes klickst du auf den Block **Wenn Taste Leertaste gedrückt wird**. Halte die Maustaste gedrückt, und hefte diesen Block im Programmbereich an den Block **ändere Lautstärke um –10** an.

Wie beim Puzzlespiel: Der gelbe Block wird oben an den violettfarbenen Block angeheftet.

Das Minuszeichen vor der 10 zeigt dir, dass die Lautstärke beim Drücken der Taste verringert wird.

3. Du möchtest nicht die Leertaste zum Verringern der Lautstärke verwenden, sondern eine andere Taste? Klicke dazu im gelben Block auf **Leertaste**. Du öffnest damit ein Menü. Im Menü wählst du eine andere Taste aus, zum Beispiel **Pfeil nach unten**.

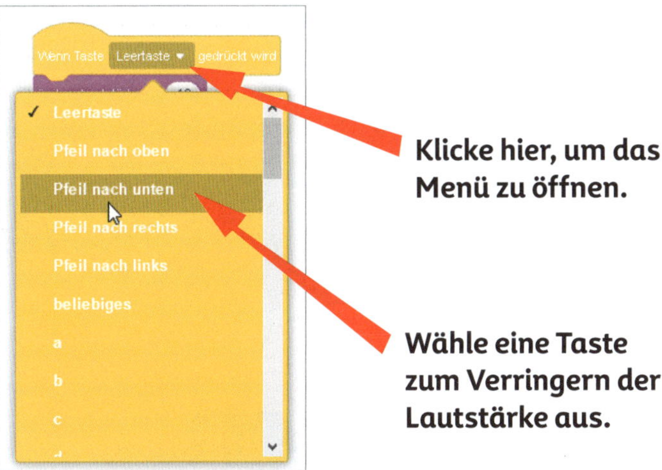

Klicke hier, um das Menü zu öffnen.

Wähle eine Taste zum Verringern der Lautstärke aus.

4. Verdopple die beiden Blöcke. Dazu klickst du mit der rechten Maustaste auf den gelben Block. Wähle dann im Menü **Duplizieren**.

Klicke mit der rechten Maustaste auf diesen Block.

Wähle im Menü mit der linken Maustaste diesen Eintrag.

5. Klicke an die Stelle, an der du die verdoppelten Blöcke ablegen möchtest. Wähle eine Taste zum Erhöhen der Lautstärke, zum Beispiel **Pfeil nach oben**. Die **–10** verwandelst du in eine **10**.

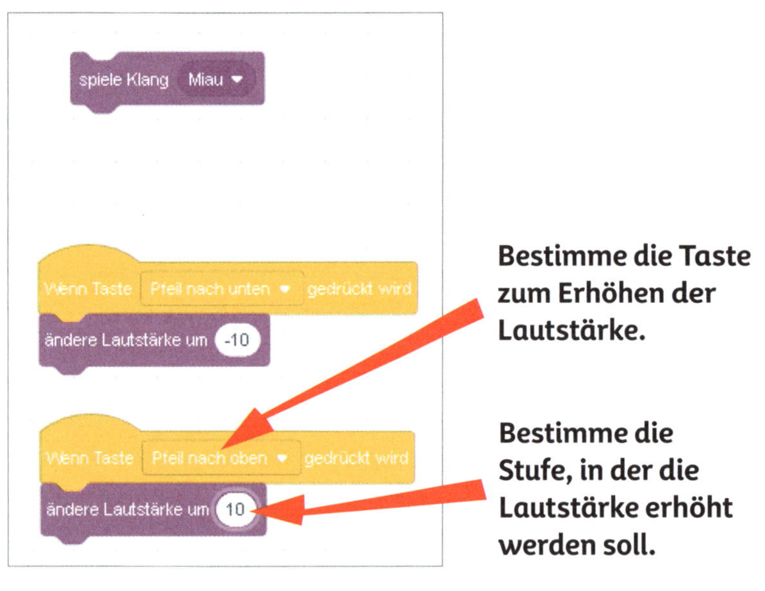

Bestimme die Taste zum Erhöhen der Lautstärke.

Bestimme die Stufe, in der die Lautstärke erhöht werden soll.

Nun kannst du die Lautstärke durch das Drücken der von dir gewählten Tasten anpassen. Eventuell musst du mehrfach drücken, um einen Unterschied zu hören. Oder passe die Werte in den ändere Lautstärke-Blöcken an, verwende etwa 20er- statt 10er-Werte. Klicke auf den Block „spiele Klang Miau", um dir das Ganze anzuhören!

Spiele mit diesem Programm gerne ein wenig herum! Lass die Katze zum Beispiel automatisch immer lauter miauen. Vielleicht wünschst du dir auch, dass sich die Katze beim Miauen fortbewegt? Programmiere es!

Die Miau-Lautstärke ist begrenzt

Beachte: Die Katze kann höchstens so laut miauen, wie der Lautsprecher es erlaubt.

Du gibst die Richtung vor

Du hast die Katze nun schon in einigen Programmen in Bewegung gebracht. Jetzt lernst du, sie in die von dir gewünschte Richtung zu lenken. Dazu erstellst du gleich vier Programmteile, um die Katze nach rechts, nach unten, nach links und nach oben zu bewegen.

1. Lösche zunächst das vorige Programm. Ziehe dann als Erstes den bereits bekannten Block **gehe 10er Schritt** in den Programmbereich.

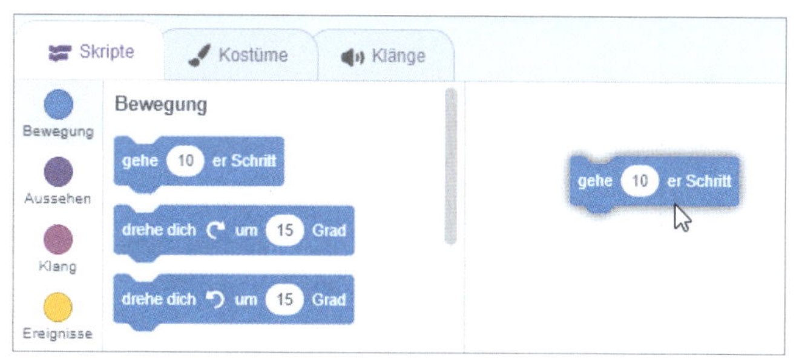

2. Wähle anschließend den Block **setze Richtung auf 90 Grad**, und hefte ihn oben an den Block **gehe 10er Schritt** an.

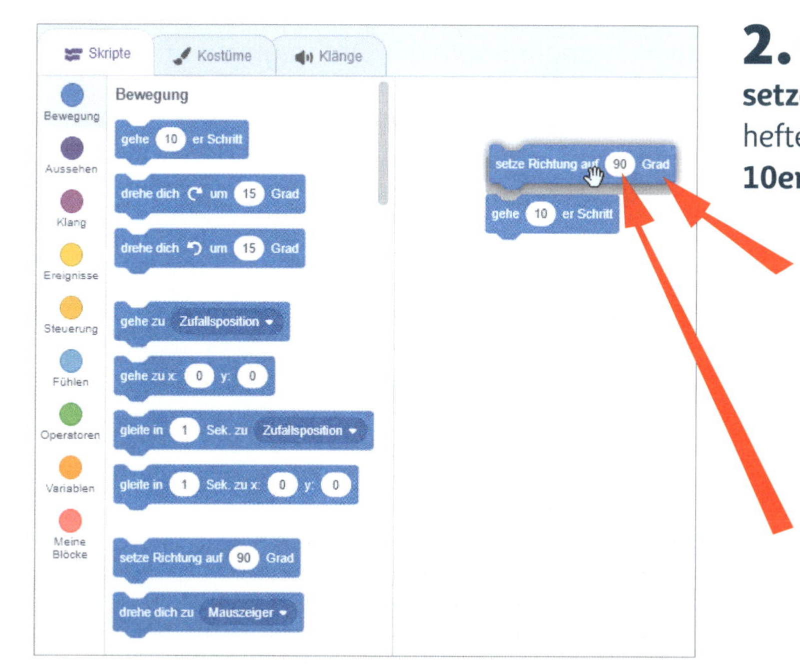

Der Block für die Angabe der Richtung wird oben an den ersten blauen Block angeheftet.

„90 Grad" bedeutet in diesem Fall: „Drehe dich nach rechts".

3. Diese beiden Blöcke brauchst du in vierfacher Ausführung. Das heißt, du musst sie drei Mal verdoppeln.

4. Klicke im zweiten Programmteil auf die Zahl im oberen Block. Setze die Richtung mithilfe des Drehreglers auf **180 Grad** – das bedeutet: nach unten.

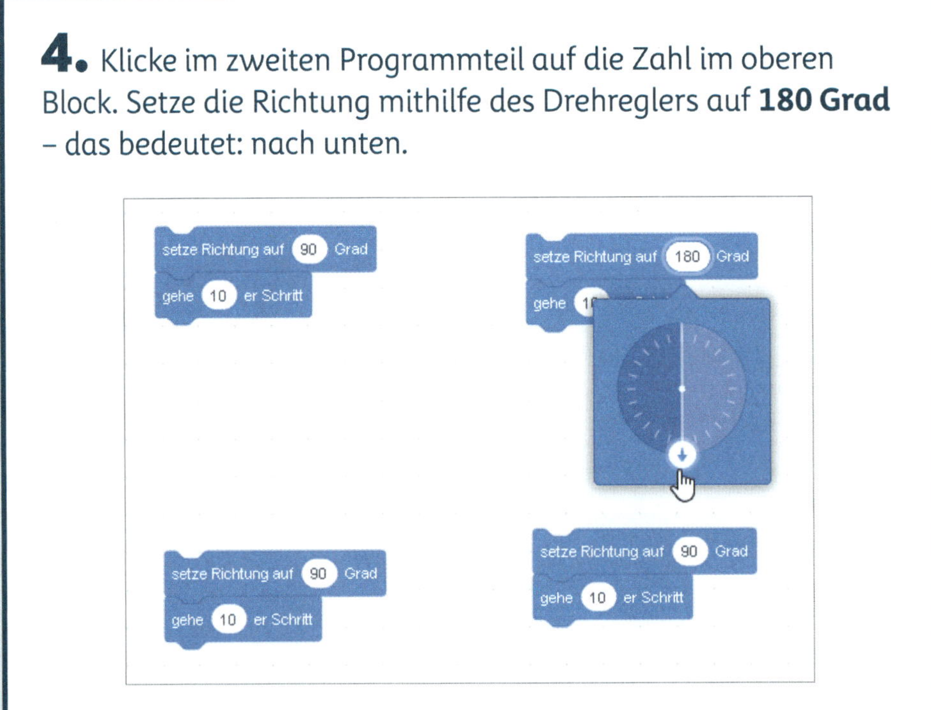

5. Beim dritten und vierten Programmteil bestimmst du auf gleiche Weise die Richtungen **-90** (nach links) und **0** (nach oben).

Die Katze dreht sich beim Bewegen automatisch. Mit dem Block setze Drehtyp auf links-rechts kannst du aber auch andere Einstellungen vornehmen. Damit kannst du ein wenig experimentieren, wenn du magst.

In Kapitel 7 wirst du Befehle kennenlernen, mit denen du dafür sorgst, dass sich eine Figur nach einem Mausklick so lange bewegt, wie du es möchtest. Willst du damit jetzt schon spielen? Dann setze in deinem Programmier-Labor die Blöcke Wenn 🏁 angeklickt wird und wiederhole fortlaufend ein. Errate selbst, auf welche Weise!

Gibt Grad nicht die Temperatur an?

Grad gibt unter anderem die Temperatur an, aber nicht nur! Mit Grad kann auch die Richtung angegeben werden. 0 Grad ist in Scratch oben, 90 Grad ist rechts, 180 Grad ist unten und -90 Grad bedeutet links.

Die Katze mit den Pfeiltasten steuern

Die Katze lässt sich jetzt mit Mausklicks auf die einzelnen Programmteile steuern. Mit den Pfeiltasten ist das aber doch viel praktischer! Dein Programm lässt sich auf ganz einfache Weise ergänzen:

1. Klicke in der Leiste links auf den gelben Kreis (**Ereignisse**).

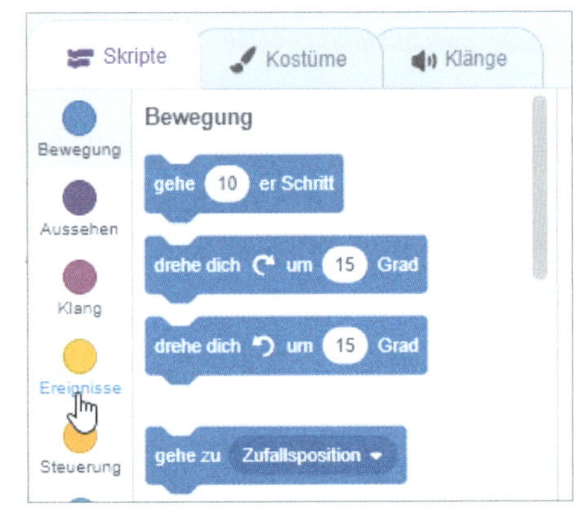

2. Klicke auf den Block **Wenn Taste Leertaste gedrückt wird**, und halte die Maustaste gedrückt.

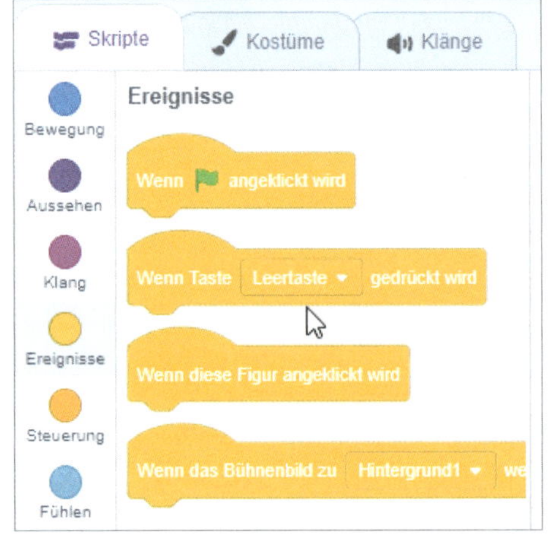

3. Hefte den Block oben an den ersten Programmteil an. Wiederhole das Ganze auch für die anderen drei Programmteile.

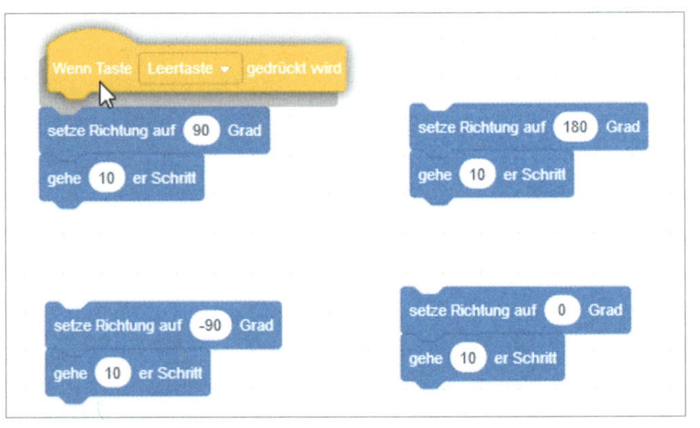

4. Wähle nun noch die passenden Tasten zum Bewegen der Katze aus.

Wenn Taste Pfeil nach rechts gedrückt wird
setze Richtung auf 90 Grad
gehe 10 er Schritt

Wenn Taste Pfeil nach unten gedrückt wird
setze Richtung auf 180 Grad
gehe 10 er Schritt

Wenn Taste Pfeil nach links gedrückt wird
setze Richtung auf -90 Grad
gehe 10 er Schritt

Wenn Taste Leertaste gedrückt wird

✓ Leertaste
Pfeil nach oben
Pfeil nach unten
Pfeil nach rechts
Pfeil nach links
beliebiges
a
b
c

Klicke hier, um die Taste zu ändern.

Wähle die zur Richtung passende Taste aus:
0 = Pfeil nach oben,
90 = Pfeil nach rechts,
180 = Pfeil nach unten,
-90 = Pfeil nach links.

5. Drücke die Pfeiltasten – du stellst fest, dass sich die Katze in die gewünschte Richtung bewegt!

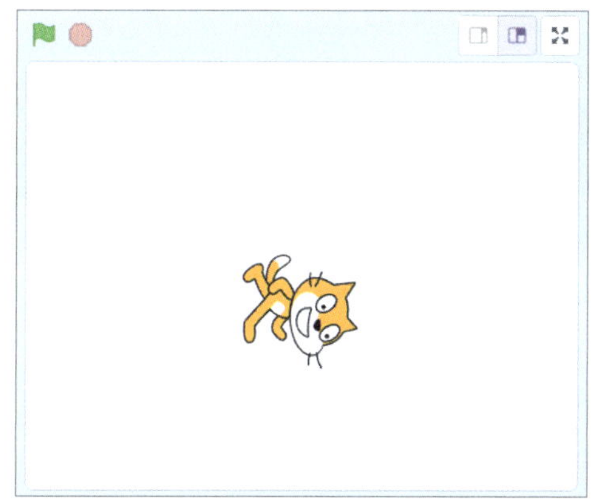

Programmteile anordnen

Die einzelnen Programmteile lassen sich beliebig im Programmbereich verschieben. Klicke dazu auf den obersten Block eines Programmteils, halte die linke Maustaste gedrückt, und ziehe den Programmteil an die gewünschte Stelle.

4 Großes Kino: Bühnenbilder und „Kostüme“ verändern

Das Leben ist ganz schön bunt. Und deine Programme können ebenso bunt sein! Dieses Kapitel zeigt dir, wie du mehr Farbe und Leben in deine Programme bekommst. Du erfährst, wie du ein Bühnenbild auswählst, das den Hintergrund deines Programms bildet. Außerdem lernst du, wie eine Figur ihr „Kostüm“ wechseln kann. Sie lässt sich durch einen Kostümwechsel animieren. Was das wohl bedeutet? Du wirst es gleich sehen!

Jetzt kann sich die Katze richtig bewegen

Eine Figur kann über mehrere Kostüme verfügen. Normalerweise ist ein Kostüm eine Verkleidung, aber in Scratch bedeutet Kostüm, dass die Figur mehrere unterschiedliche Formen annehmen kann. Ein Beispiel dafür ist, dass die Katze ihr Bein einmal nach vorn streckt und einmal nach hinten zieht. Wechseln die Kostüme ab, sieht das aus, als ob die Katze geht. Das ist ein ähnliches Prinzip wie bei einem Daumenkino. So programmierst du das:

1. Den ersten Programmteil kennst du bereits in- und auswendig: Ziehe den Block **gehe 10er Schritt** in den Programmbereich.

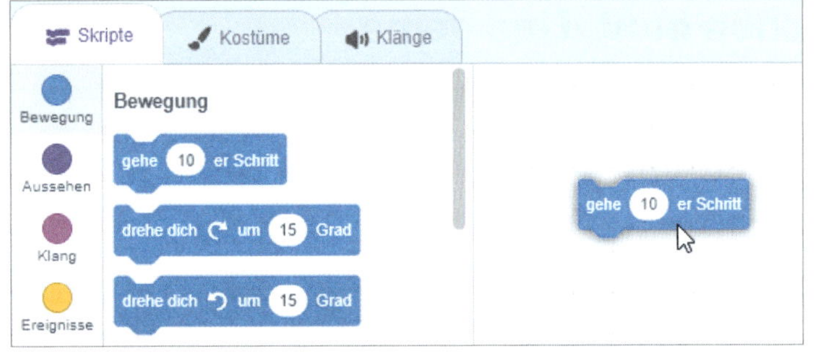

2. Nun wähle den lilafarbenen Kreis **Aussehen**.

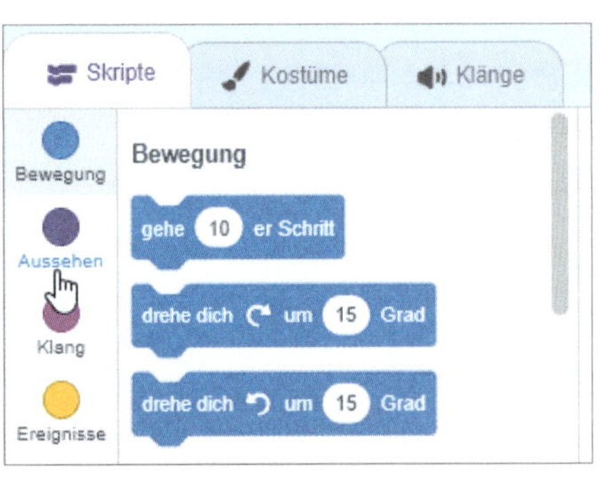

3. Klicke auf den Block **wechsle zum nächsten Kostüm**, und halte die Maustaste gedrückt.

4. Ziehe den Block **wechsle zum nächsten Kostüm** bei gedrückter linker Maustaste in den Programmbereich, und hefte ihn unten an den Block **gehe 10er Schritt** an. Der Befehl „Wechsle zum nächsten Kostüm“ bedeutet, dass die Katze immer zwischen ihren beiden Kostümen hin und her wechselt – und das sieht dann aus, als ob sie gehen würde.

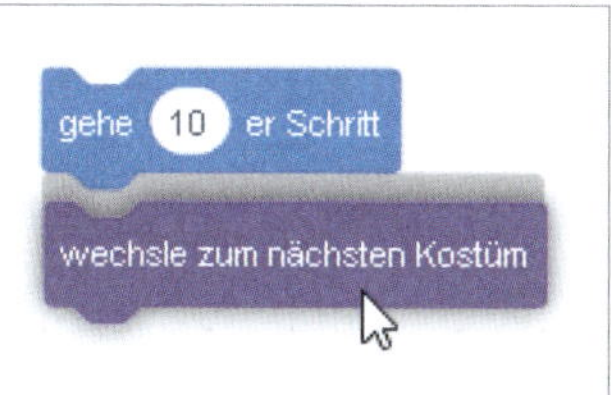

5. Klicke dein Programm ein paar Mal an. Du siehst im Anzeigebereich, wie sich die Katze nach rechts bewegt. Dabei bewegt sie gleichzeitig ihre Beine. Wenn du magst, kannst du zusätzlich wieder den Befehl **Wenn 🏁 angeklickt wird** verwenden.

Welche Kostüme zur Verfügung stehen, unterscheidet sich je nach Figur. Gestaltest du deine Figur selbst, kannst du für sie mehrere Kostüme gestalten.

Was bedeutet Animation?

Den Kostümwechsel einer Figur nennt man auch Animation. Das Wort Animation kommt aus der lateinischen Sprache – „animare“ bedeutet in dieser Sprache so viel wie „zum Leben erwecken“. Durch die Animation sieht es so aus, als würde sich eine Figur bewegen – du erweckst sie zum Leben.

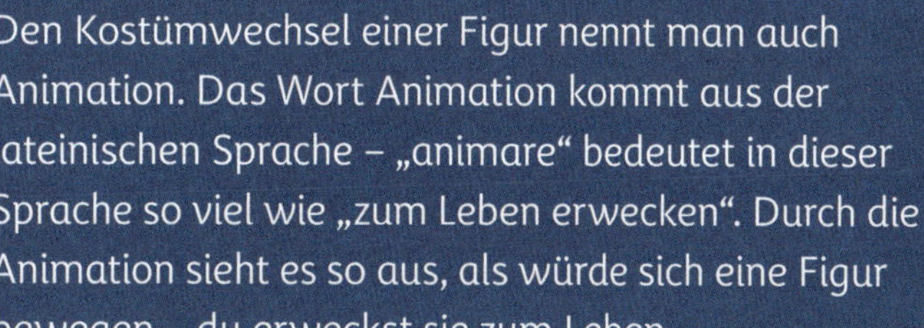

Mach, dass die Katze ihren Kopf verliert

Nun zeigen wir dir, wie du für eine Figur andere Kostüme gestalten kannst. Wenn du der Anleitung folgst, fliegt der Kopf der Katze bei jedem Schritt in die Luft.

1. Klicke oberhalb der Leiste mit den Blöcken auf **Kostüme**.

Klicke auf diesen Tab, um die Kostüme einzublenden.

2. Die Kostüme der Figur werden eingeblendet. Klicke in der Kostümleiste auf das Kostüm, das du gestalten möchtest. Bei der Katze sind es zwei Kostüme. Wenn du genau hinschaust, bemerkst du die Unterschiede.

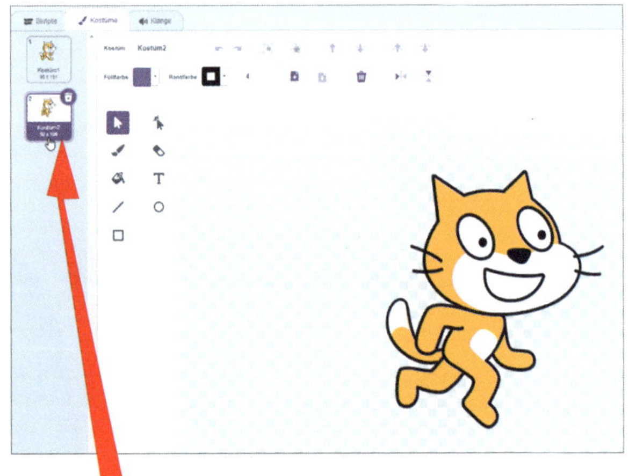

Klicke auf dieses Kostüm, um es zu gestalten.

3. Die Katze soll ihren Kopf verlieren. Deshalb klicke mit der Maus auf den Kopf, halte die Maustaste gedrückt, und ziehe den Kopf mit der Maus nach oben. Dann lass die Maustaste los.

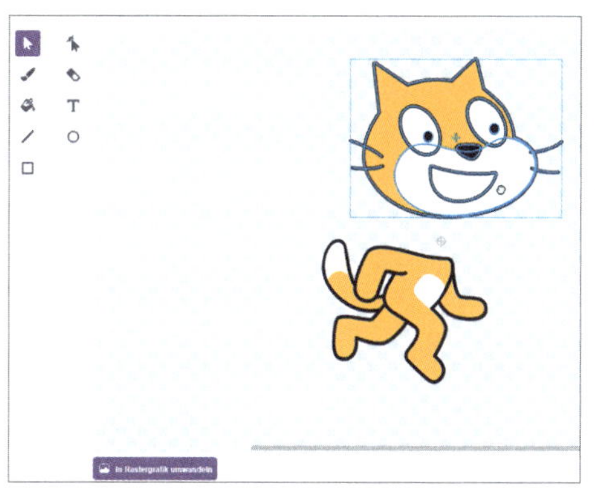

4. Erstelle das dir bereits bekannte Programm aus den Blöcken **gehe 10er Schritt** und **wechsle zum nächsten Kostüm**.

5. Du siehst das Ergebnis im Anzeigebereich, wenn du das Programm anklickst. Der Kopf der Katze fliegt bei jedem Schritt in die Luft.

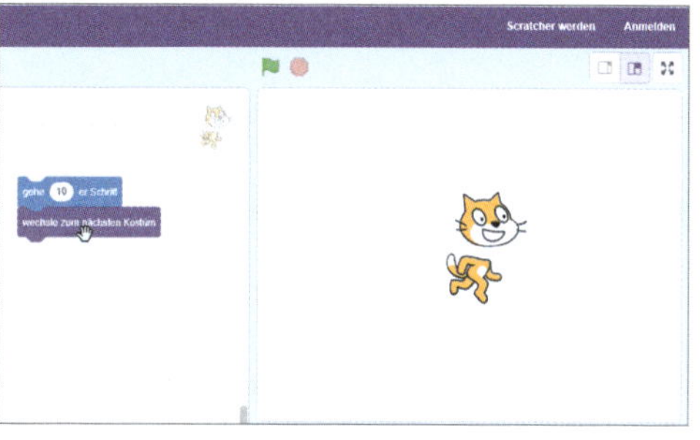

Statt ein bestehendes Kostüm zu verändern, kannst du natürlich auch ein neues Kostüm erstellen, um deine Figuren in der von dir gewünschten Weise zu animieren. Dazu findest du unten in der Leiste mit den Kostümen ein Symbol. Bewege den Mauszeiger auf dieses Symbol, um ein Symbolmenü zu öffnen. Du kannst neue Kostüme selbst malen oder vom Computer hochladen.

Wähle ein Kostüm

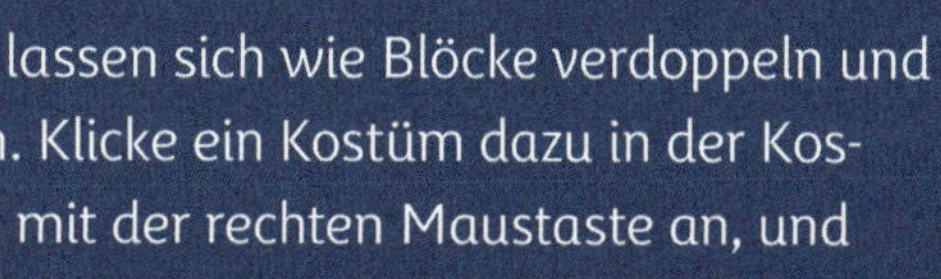

Kostüm verdoppeln

Kostüme lassen sich wie Blöcke verdoppeln und anpassen. Klicke ein Kostüm dazu in der Kostümleiste mit der rechten Maustaste an, und wähle im Menü den Eintrag **Duplizieren**.

Wähle ein passendes Bühnenbild aus

In deinen bisherigen Programmen war der Hintergrund weiß. Der Hintergrund ist das, was hinter der Figur im Anzeigebereich zu sehen ist. Und das war bisher: nichts oder ganz viel Schnee. Jetzt lernst du, wie du einen Hintergrund auf der Scratch-Seite auswählst. Da hast du eine große Auswahl.

1. Um ein Bühnenbild auszuwählen, klicke auf das Fotosymbol rechts unten im Bereich **Bühne**.

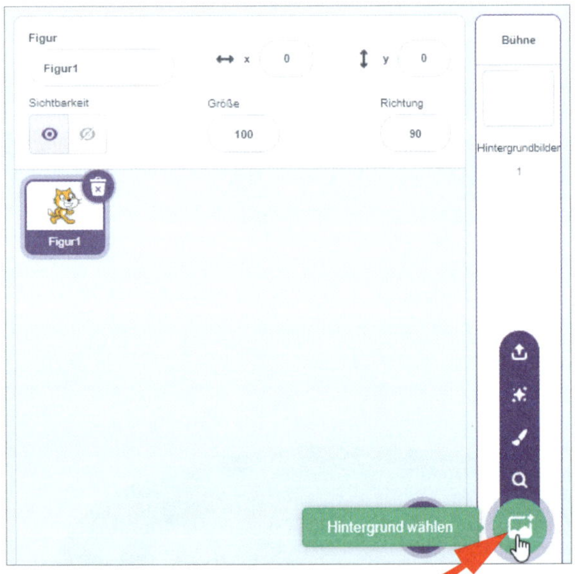

Klicke auf dieses Symbol. Normalerweise ist es blau. Wenn du den Mauszeiger daraufbewegst, erscheint es grün.

2. Wähle ein Bühnenbild aus, das dir zusagt. Dazu brauchst du das Bühnenbild lediglich anzuklicken. Schick die Katze zum Beispiel in die Wüste.

Möchtest du ohne Auswahl zurückkehren, wähle „Zurück".

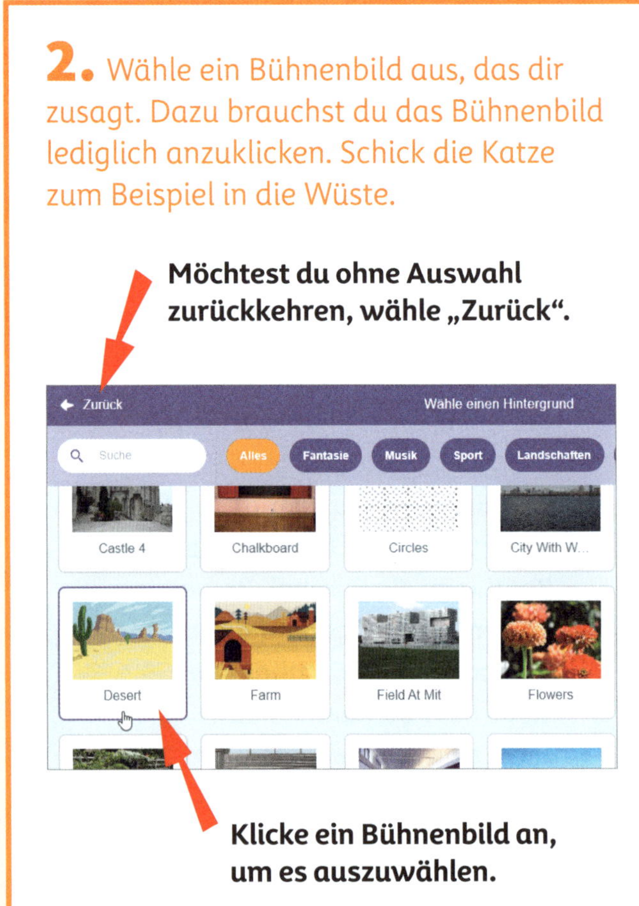

Klicke ein Bühnenbild an, um es auszuwählen.

3. Das ausgewählte Bühnenbild wird sofort im Anzeigebereich eingesetzt.

4. Um zwischen mehreren Bühnenbildern zu wechseln, verwende den Block **wechsle zu Bühnenbild** aus dem Kreis **Aussehen**. Ziehe diesen in den Programmbereich.

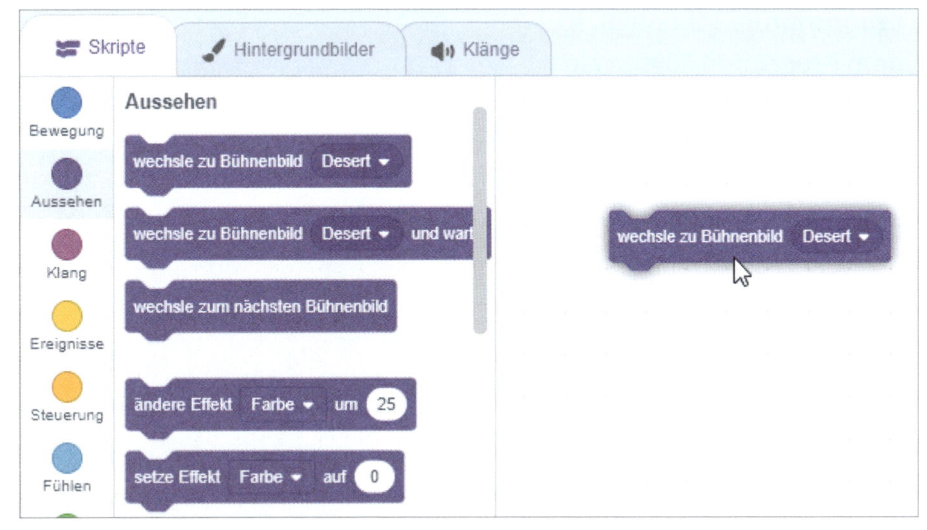

5. Klicke auf **den aktuell festgelegten Hintergrund**, und wähle im Menü ein Bühnenbild aus, zu dem du wechseln möchtest. Der Wechsel des Bühnenbilds erfolgt durch einen Mausklick auf den Block.

Wenn du Lust hast, versuche nun doch mal, ein weiteres Programm zu schreiben. In dem Programm könnte sich die Katze durch unterschiedliche Bühnenbilder bewegen. Setze dafür unter anderem den Block wechsle zu Bühnenbild ein! Welche Bühnenbilder du für dein Programm auswählst, bleibt ganz dir überlassen.

Wähle den richtigen Bereich aus!

Wenn du ein Bühnenbild hinzugefügt hast, ist es danach automatisch ausgewählt. Du bemerkst dann, dass bestimmte Blöcke in der Leiste links fehlen. Um wieder Blöcke für die Figur zu programmieren, klicke im Bereich rechts unten die Figur an, um diese auszuwählen!

Selbst ein Bühnenbild malen

Wenn du gut malen kannst, erstelle doch selbst ein passendes Bühnenbild für dein Programm! Das Malen mit der Maus erfordert zwar etwas Übung. Doch es macht auch riesigen Spaß. Probiere es gleich mal mit dem Malen!

1. Bewege den Mauszeiger im Bereich **Bühne** auf das Fotosymbol. Klicke es aber nicht an! Es öffnet sich ein Symbolmenü. In dem Menü klickst du auf das Pinselsymbol.

2. Jetzt warten jede Menge Malfunktionen auf dich. Wähle zu Beginn eine Farbe aus, die du verwenden möchtest.

Klicke auf die vorhandene Farbe.

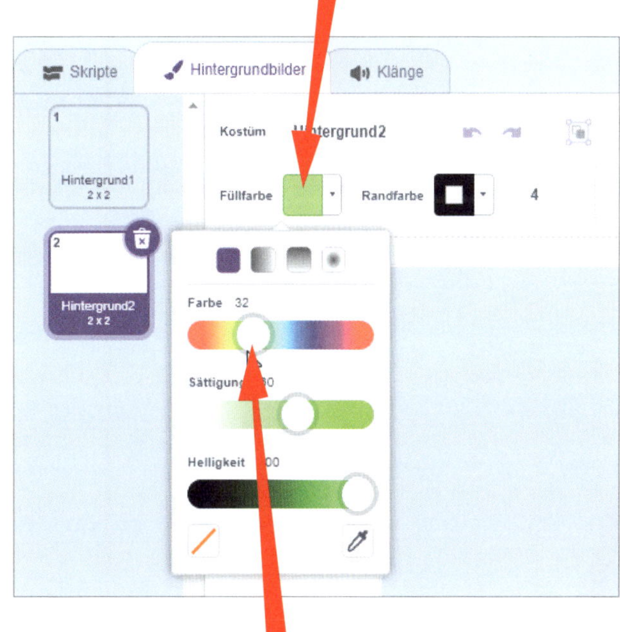

Es öffnet sich ein Farbmenü, in dem du deine Wunschfarbe auswählst.

3. Klicke als Nächstes im Malbereich auf das Pinselsymbol (🖌).

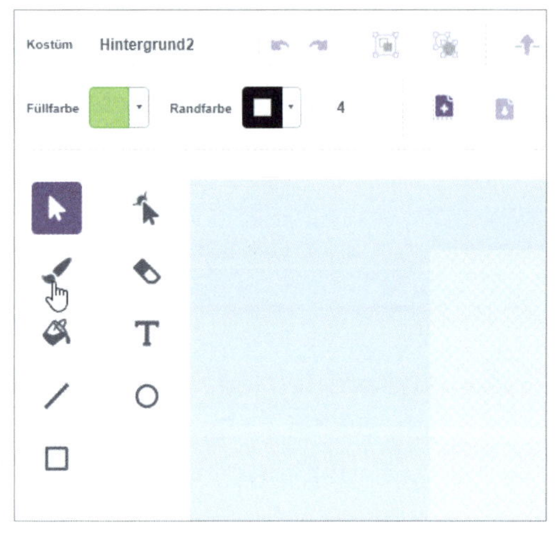

4. Fertige mit der Maus deine Zeichnung an. Zum Malen hältst du die linke Maustaste gedrückt.

5. Dein selbst gemaltes Bühnenbild wird anschließend im Anzeigebereich übernommen.

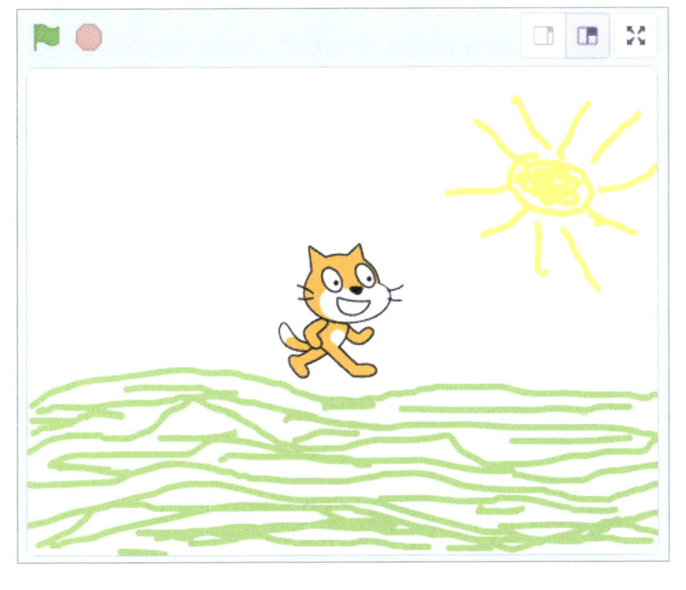

Du findest im Malbereich sehr viele Funktionen. Experimentiere damit! Findest du heraus, wie du den Namen des Bühnenbilds ändern kannst? Oder wie du die Pinselgröße veränderst? Was hast du noch für Möglichkeiten?

Der Mauszeiger zeigt Hinweise

Wenn du mal nicht weißt, was ein Symbol bedeutet, bewege den Mauszeiger auf das Symbol. Es erscheint dann ein kleines Hinweisfenster mit dem Namen der Funktion.

Ein Bühnenbild vom Computer hochladen

Auf dem Computer ist ein Bild gespeichert, das du als Bühnenbild in deinem Programm verwenden möchtest? Auch das geht, und zwar ziemlich leicht! Hier wird dir gezeigt, wie du vorgehst:

1. Bewege den Mauszeiger im Bereich **Bühne** auf das Fotosymbol. Im Symbolmenü klickst du auf das Symbol mit dem nach oben weisenden Pfeil. Du siehst es in der Abbildung.

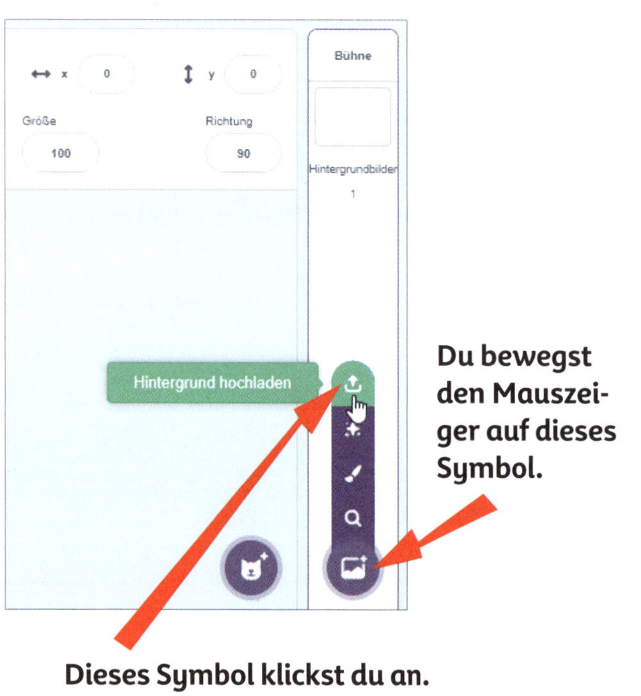

2. Klicke das Bild, das du verwenden möchtest, mit der Maus an.

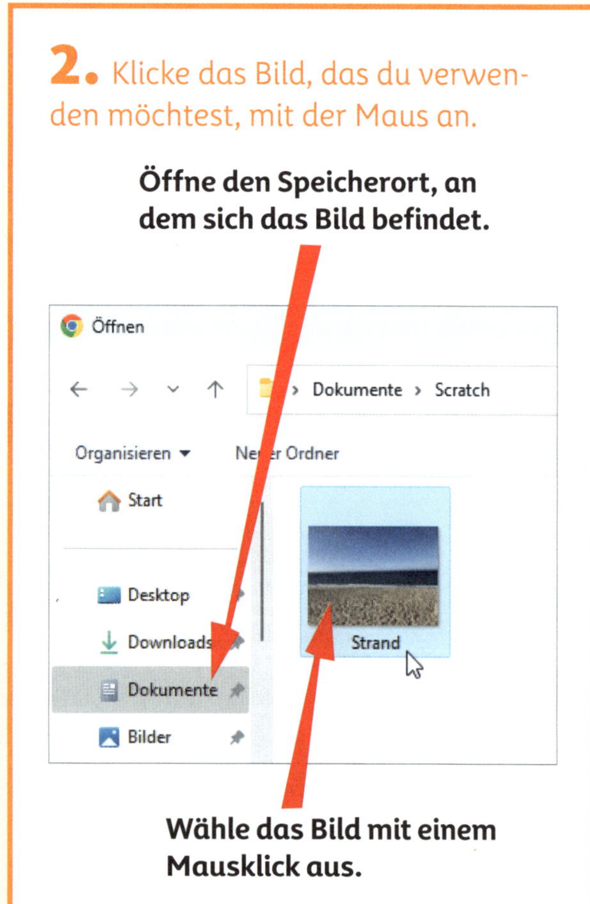

3. Bestätige deine Auswahl, indem du auf **Öffnen** klickst.

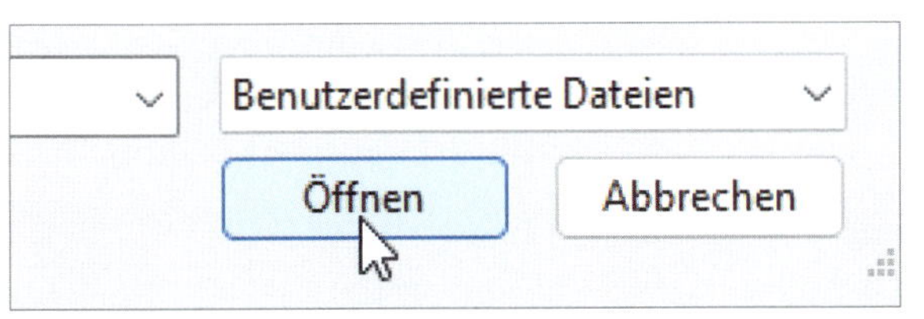

4. Das Bild wird nun hochgeladen. Solange wird der Hinweis **Importiere** angezeigt.

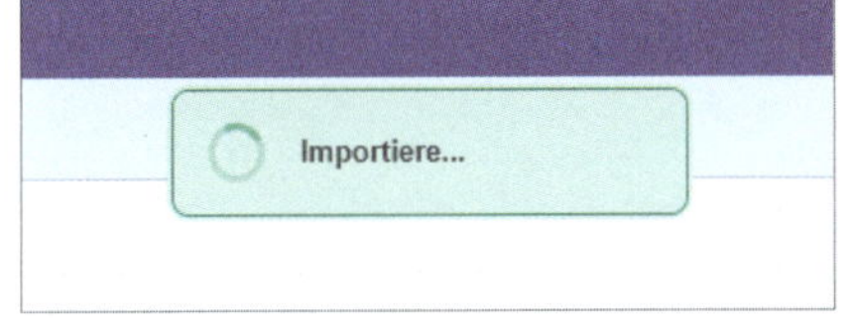

5. Anschließend siehst du das Bühnenbild im Anzeigebereich.

Wie du bereits weißt, lassen sich in einem Programm mehrere Bühnenbilder einsetzen. Es spielt dabei keine Rolle, ob diese aus dem Internet stammen, ob sie ein selbst gemaltes Kunstwerk sind oder ob du sie vom Computer hochgeladen hast.

Was sind eigentlich Dateitypen?

Auf einem Computer lassen sich Programme als Datei speichern. Aber auch Bilder. Oder Dokumente. Und so weiter ... Um was für eine Art Datei es sich handelt, erkennst du am Dateityp. Es gibt unzählige Dateitypen, die du aber zum Glück nicht alle kennen musst. Gängige Dateitypen für Bilder in Scratch sind zum Beispiel JPG, PNG, SVG und GIF.

SUPERKLEBER

5 Hier kommt die Maus: Bring eine zweite Figur ins Spiel!

Im vorigen Kapitel hast du erfahren, wie du das Bühnenbild änderst oder einer Figur andere Kostüme „anziehst“. Aber es muss nicht bei der einen Figur bleiben. Du kannst in einem Programm eine andere Figur verwenden als die Katze. Und du kannst auch mehrere Figuren in einem Programm nutzen. Wie das gemacht wird, liest du ausführlich in diesem Kapitel.

Eine Figur im Internet auswählen

Du möchtest statt der Katze ein Pferd über den Bildschirm laufen lassen? Es geht ganz leicht, eine andere Figur für dein Programm auszuwählen. Auf der Scratch-Seite hast du eine große Auswahl.

1. Lösche im Bereich **Figur** zunächst die vorhandene Figur. Dazu klickst du bei der Figur auf die Mülltonne.

2. Klicke unten im Bereich **Figur** auf das Symbol, das einen Katzenkopf zeigt. Es ist normalerweise blau. Wenn du den Mauszeiger darauf bewegst, wird es grün.

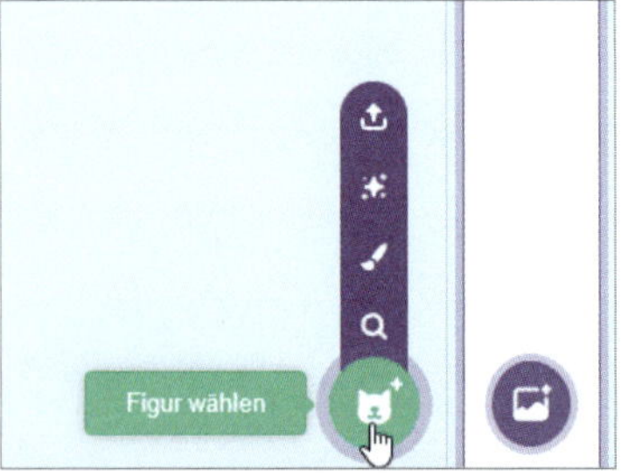

3. Klicke nun eine Figur an, die du verwenden möchtest. Also zum Beispiel ein Pferd. Du kannst ein Wort in das eingebaute Suchfeld eintippen, allerdings sind die Namen auf Englisch. Suchst du nach einem Pferd, gibst du deshalb „horse" ein (du sprichst es: Hoars). Bereits während du ein Wort eingibst, wird die Suche gestartet.

4. Die Figur wird sofort im Anzeigebereich dargestellt.

5. Klicke auf **Kostüme**, um zu sehen, welche Kostüme für die Figur zur Verfügung stehen. Die Kostüme werden dir auch angezeigt, wenn du in Schritt 3 mit der Maus auf eine Figur zeigst – die Figur wird animiert.

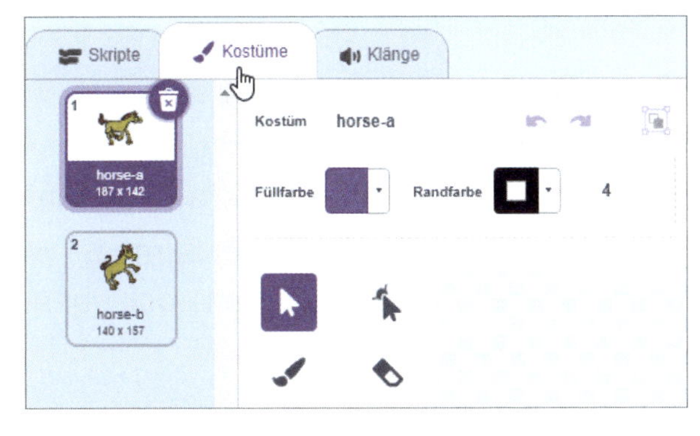

Nun kannst du, genauso wie für die Katze, Programme für das Pferd schreiben. Zum Beispiel kannst du das Pferd über den Bildschirm galoppieren lassen und dabei durch einen Kostümwechsel animieren. Weißt du noch, wie du eine Figur mit den Pfeiltasten steuern kannst? Dann lass das Pferd sich in die von dir gewünschte Richtung bewegen!

Achtung beim Löschen!

Hast du zu einer Figur schon ein Programm geschrieben und löschst du die Figur, so löschst du damit auch das zugehörige Programm. Speichere deine Programme vor dem Figurentausch ab!

Eine Figur vom Computer hochladen

Steht das Bild einer Figur auf dem Computer zur Verfügung, kannst du auch dieses in deinen Programmen einsetzen. Hier wird dir gezeigt, wie du eine Figur vom Computer hochlädst.

1. Lösche im Bereich **Figur** zunächst wieder die vorhandene Figur. Bewege den Mauszeiger dann auf das Symbol mit dem Katzenkopf, und klicke im Symbolmenü auf das Symbol mit dem nach oben weisenden Pfeil.

Klicke dieses Symbol an, um eine Figur vom Computer hochzuladen.

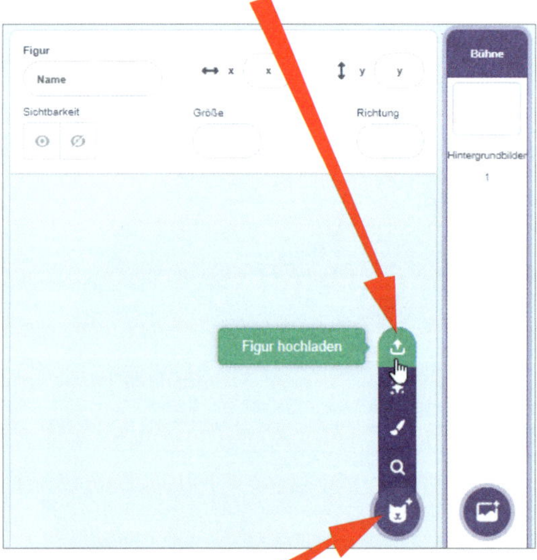

Auf dieses Symbol bewegst du den Mauszeiger.

2. Öffne den Speicherort, an dem sich das Bild befindet.

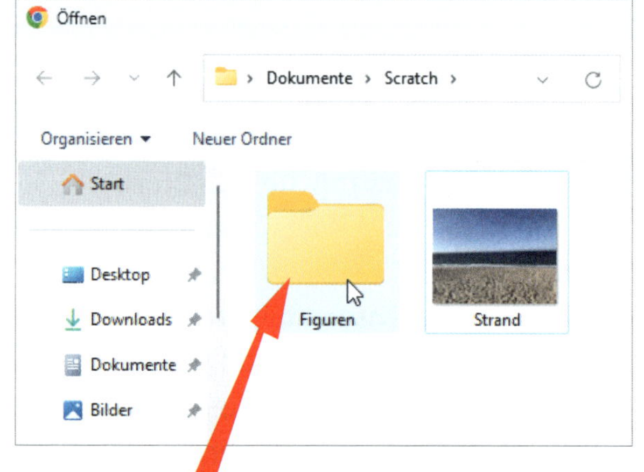

Dieser Ordner wird mit einem Doppelklick geöffnet. Das bedeutet, du klickst mit der Maus zweimal schnell hintereinander darauf.

3. Wähle das gewünschte Bild mit einem Mausklick aus. Hier nehmen wir die Maus, die auf deinem Computer nicht zur Verfügung steht. Wähle stattdessen ein Bild aus, das bei dir auf dem Computer gespeichert ist.

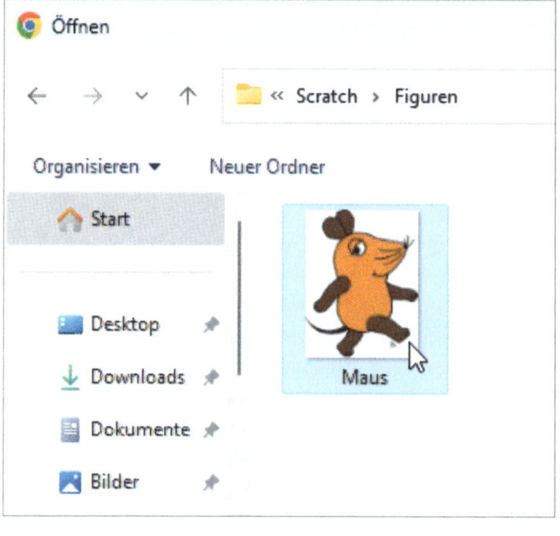

4. Bestätige deine Auswahl mit einem Mausklick auf **Öffnen**.

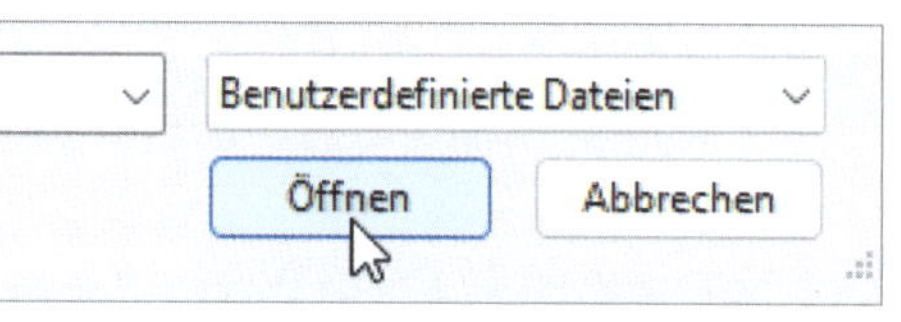

5. Schon siehst du die Figur im Anzeigebereich. Hier kommt die Maus!

Keine bekannten Figuren in öffentlichen Programmen nutzen

Ganz wichtig: Verwende in öffentlichen Programmen keine Fotos, für die ein sogenanntes Urheberrecht besteht! Das gilt zum Beispiel – aber nicht nur! – für bekannte Figuren aus dem Fernsehen oder aus Comics.

Falls die Figur für dein Programm zu groß sein sollte: Im Bereich Figur findest du ein Feld mit dem Namen Größe. Trägst du dort eine Zahl kleiner als 100 ein und drückst die ⏎-Taste, verkleinerst du die Figur. Mit einer Zahl größer als 100 würdest du sie vergrößern.

Eine Figur selber malen

Wenn du gerne malst, dann kannst du die Figuren für deine Programme auch selbst gestalten. Du gehst dabei ganz ähnlich vor wie beim Malen eigener Bühnenbilder. Und zwar so:

1. Lösche zunächst wieder die bereits vorhandene Figur, indem du bei der Figur auf die Mülltonne klickst.

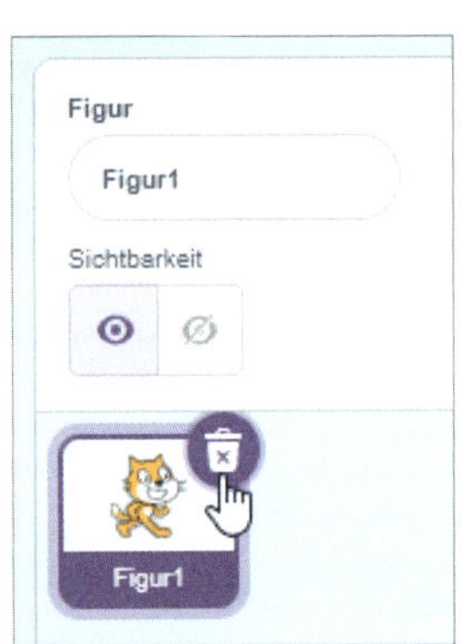

2. Bewege den Mauszeiger im Bereich **Figur** auf das Symbol mit dem Katzenkopf, und klicke im Symbolmenü auf das Pinselsymbol.

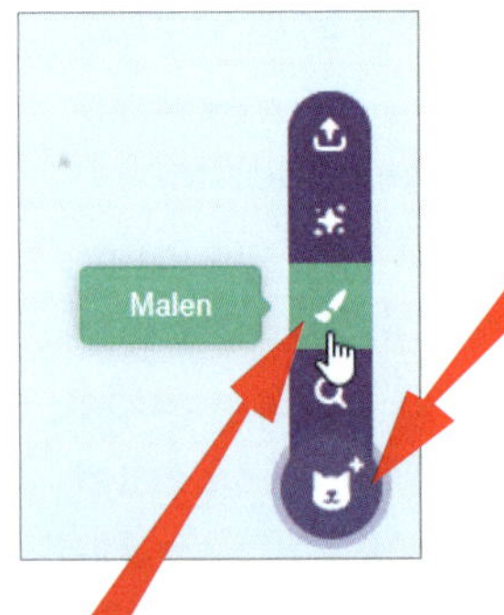

Auf dieses Symbol bewegst du den Mauszeiger, ohne zu klicken.

Dieses Symbol klickst du an.

3. Wähle nun ein Werkzeug aus, zum Beispiel den Pinsel zum Malen (🖌).

4. Male deine Figur, etwa einen lustigen Mann oder eine lustige Frau. Du kannst dazu gerne mehrere Farben verwenden. Auch dafür findest du ein Auswahlmenü. Möchtest du nicht frei zeichnen, zeichne Linien und Formen mit den Symbolen ╱, ○ und □.

5. Die Figur ist etwas groß geraten. Deshalb klicke auf das Mauszeigersymbol (⬉). Ziehe nun mit der Maus einen Rahmen um die Figur, bewege den Mauszeiger in eine Ecke der Figur, und ziehe sie bei gedrückter linker Maustaste kleiner.

Wie beim Malen von Bühnenbildern gilt: Tobe dich beim Malen der Figur richtig aus, und experimentiere mit den einzelnen Malfunktionen! Zeichne etwa mit dem Symbol ☐ ein Viereck, und verforme es dann mithilfe des Symbols ⬉. Oder möchtest du einen Text eintippen? Dazu dient das Symbol T.

Figur aus mehreren Elementen gestalten

Denke beim Erstellen einer Figur schon an die späteren Kostüme! Wenn du eine Figur aus mehreren Elementen erstellst, kannst du die einzelnen Elemente später austauschen oder verändern. Ein Beispiel sind Beine oder Arme, die sich durch einen Kostümwechsel bewegen könnten.

Zwei Figuren in Aktion

Nun möchte die Maus Fußball spielen. Dazu brauchst du neben der Maus-Figur auch eine Fußball-Figur. Wenn du zwei Figuren in deinem Programm auftreten lässt, schreibst du für jede Figur einen eigenen Code, also einen eigenen Programmteil. Das kann etwa so aussehen:

1. Hier wurde als zweite Figur ein Ball eingefügt. Dieser lässt sich im Anzeigebereich bei gedrückter Maustaste an die gewünschte Stelle ziehen.

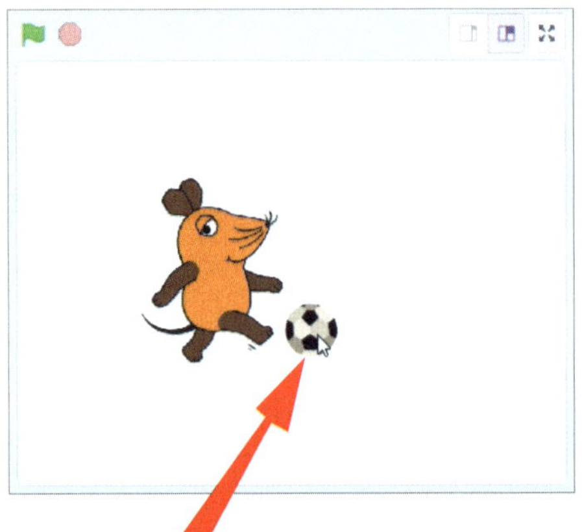

Bewege eine Figur durch Ziehen bei gedrückter linker Maustaste an die gewünschte Stelle.

2. Bevor es jetzt ans Programmieren geht, wähle im Bereich **Figur** aus, für welche Figur du den Code erstellen möchtest. Das Wort Code steht für deine Programmierbefehle.

Nun sind es zwei Figuren. Wähle mit einem Mausklick die Figur aus, für die du den Code schreiben möchtest.

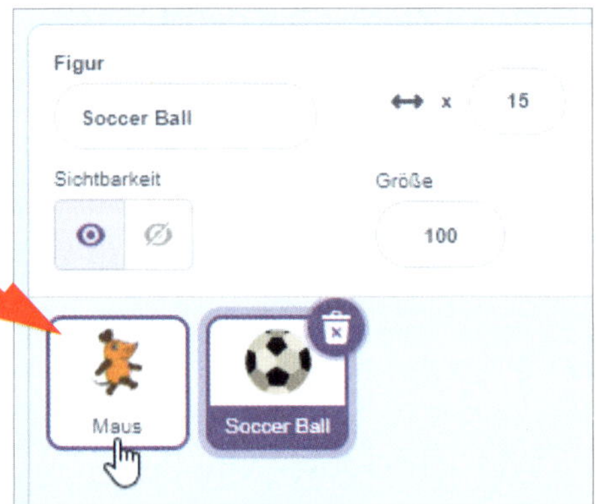

Was bedeutet eigentlich „Figur"?

In Scratch ist eine Figur nicht unbedingt ein Tier oder ein Ball. Es kann sich um ein ganz beliebiges Objekt handeln, für das du einen Code erstellen möchtest. Zum Beispiel könnte es sich bei einer Figur auch um einen Balken handeln, an dem du einen Ball abprallen lässt.

3. Das ist ein Beispielcode für die erste Figur. Im Programmbereich wird dir rechts oben jeweils angezeigt, für welche Figur du gerade programmierst.

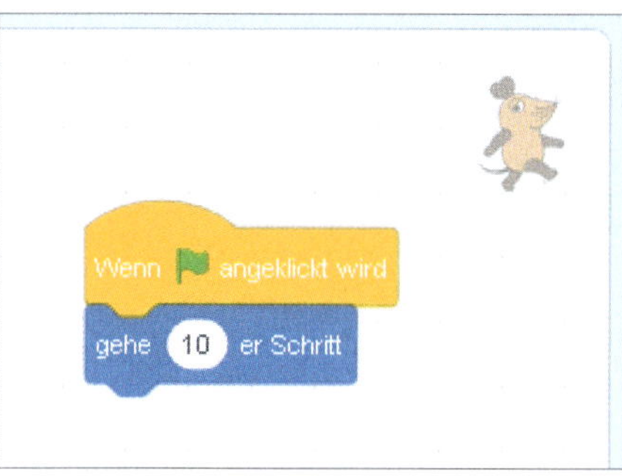

4. Und das ist der Code für die zweite Figur. Du legst fest, dass beide Programmteile gestartet werden sollen, wenn auf das Symbol 🏳 geklickt wird. Obwohl die Codes für die Figuren getrennt geschrieben werden, bilden diese ein einziges Programm.

5. In diesem Fall tritt die Maus den Ball, der daraufhin von ihr wegfliegt.

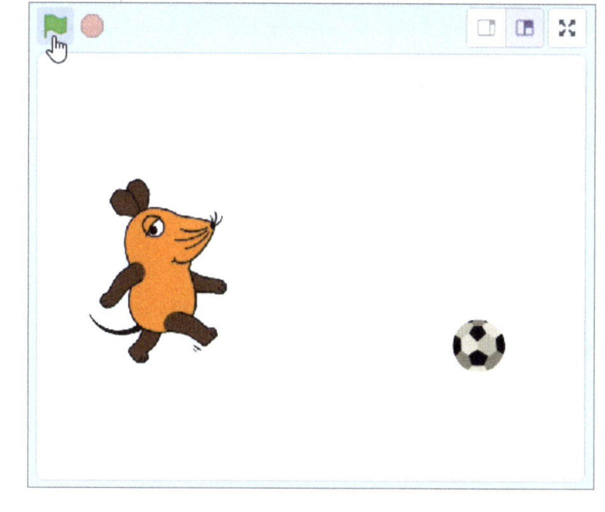

Bei zwei Figuren muss es keinesfalls bleiben! Du kannst noch mehr Figuren in deinen Programmen auftreten lassen. Schreibe für jede Figur einen eigenen Code. Wie wäre es etwa, wenn eine dritte Figur den Fußball zur Maus zurückspielt?

Lass zwei Figuren miteinander sprechen

Es folgt ein weiteres Programm, bei dem zwei Figuren auftreten. Lass die beiden Figuren miteinander sprechen. Dazu soll beim Drücken einer bestimmten Taste jeweils eine Sprechblase eingeblendet werden.

1. Wähle als Erstes zwei beliebige Figuren aus, die du in deinem Programm verwenden möchtest, etwa einen Igel und einen Pinguin. Du hast bereits zu Beginn dieses Kapitels gelernt, wie es gemacht wird. Der Igel heißt in Scratch Hedgehog – das ist das englische Wort für Igel (du sprichst es: Hetschhogg).

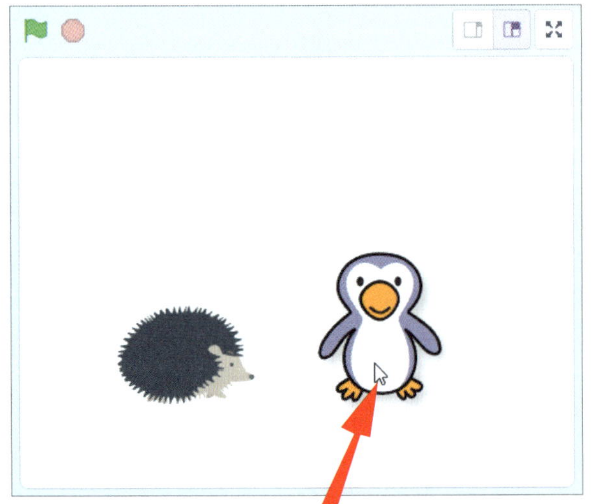

Ziehe die Figuren bei gedrückter linker Maustaste in die gewünschte Position.

2. Klicke im Bereich **Figur** auf den Igel, um für diesen einen Code zu erstellen.

3. Erstelle ein kleines Programm, das aus den Blöcken **Wenn Taste Leertaste gedrückt** und sage **Hallo für 2 Sekunden** besteht. Passe die Blöcke so an, wie es in der Abbildung zu sehen ist.

Statt der Leertaste soll die Taste 1 gedrückt werden.

Statt „Hallo!“ soll der Igel „Hallo, Pinguin!“ sagen.

Die Sprechblase soll eine Sekunde lang sichtbar sein.

4. Wenn du den Code erstellt hast, klicke auf den oberen Block, und ziehe ihn bei gedrückter linker Maustaste auf den Pinguin im Bereich **Figur**. Wenn der Pinguin wackelt, steht der Code dann auch für diese Figur zur Verfügung.

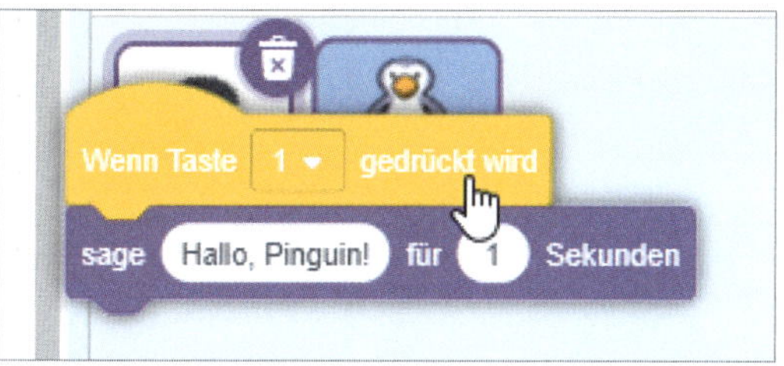

Dialog und Monolog

Wenn zwei oder mehr Personen miteinander sprechen, nennt man das Dialog. Spricht eine Person hingegen nur mit sich selbst, ist es ein Monolog. Du hast in deinem Programm also einen Dialog erstellt.

5. Wähle den Pinguin aus, und passe den Code an, wie es in der Abbildung zu sehen ist. Drücke anschließend die gewählten Tasten, um dein Programm laufen zu lassen.

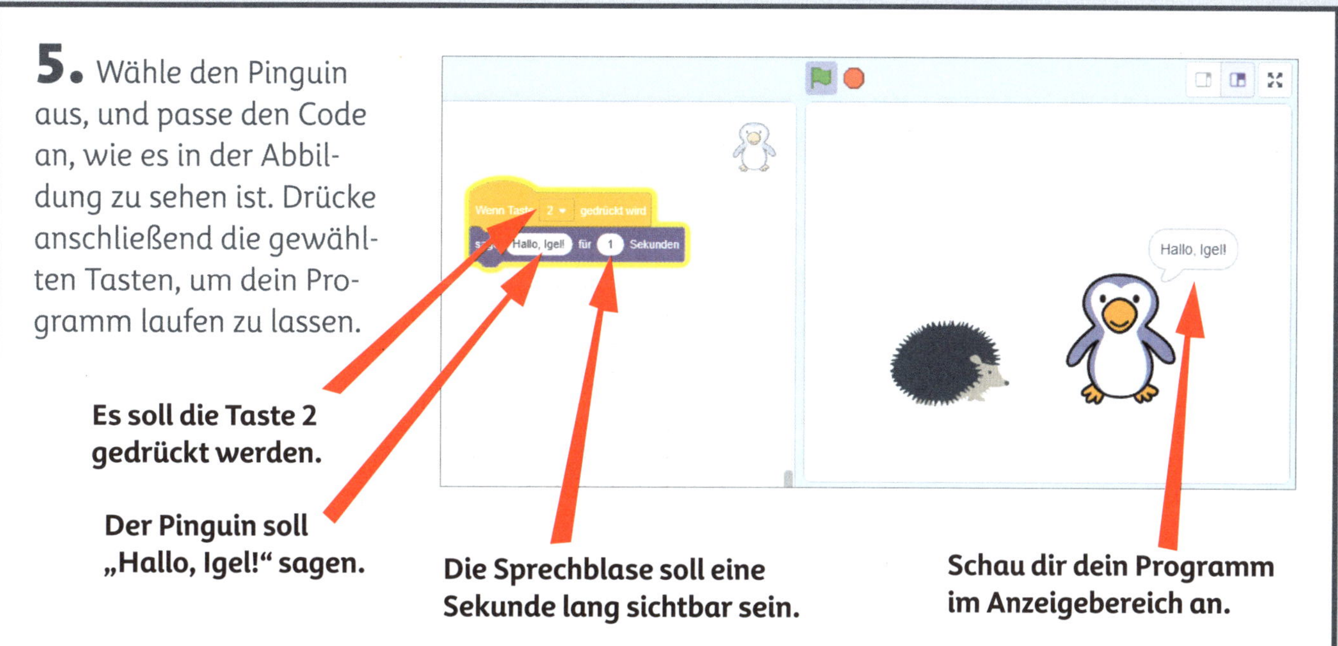

Und was ist mit den Tasten 3, 4, 5, 6, 7, ...? Lass die beiden Figuren noch mehr miteinander sprechen! Verdopple dazu die beiden Blöcke, und passe deren Inhalte an. Tipp: Du kannst die Figuren auch einen gespielten Witz erzählen lassen.

Eine Figur verschwinden lassen

Du kannst Figuren in einem Programm verschwinden lassen. Die Figuren verstecken sich dann. Im folgenden Programm soll der Luftballon verschwinden, wenn er den Igel berührt. Warum wohl?

1. Wähle wieder die beiden benötigten Figuren aus: einen Igel und einen Luftballon. Ziehe sie bei gedrückter Maustaste an die gewünschte Stelle.

2. Nun erstellst du das Programm für den Luftballon. Der erste Block, den du brauchst, heißt **gleite in 1 Sek. zu Zufallsposition**.

Wähle diesen Block aus.

Ziehe den Block bei gedrückter linker Maustaste in den Programmbereich.

3. Klicke in dem Block auf **Zufallsposition**. Im Menü klickst du dann auf **Hedgehog**.

4. Wähle nun den Kreis **Aussehen**, und hefte den Block **verstecke dich** unten an den Block **gleite in 1 Sek. zu Hedgehog** an.

Klicke auf diesen Kreis.

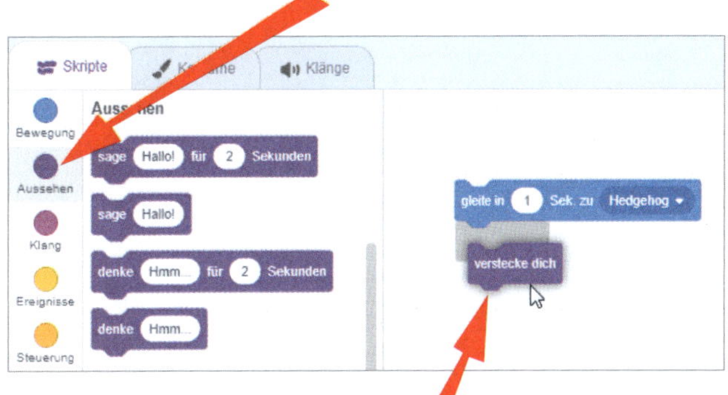

Hefte den lilafarbenen Block unten an den blauen Block an.

5. Klicke das Programm an, um es im Anzeigebereich laufen zu lassen. Der Luftballon bewegt sich zum Igel und verschwindet daraufhin.

Und wo bekommst du jetzt einen neuen Luftballon her? Um den Ballon wiederherzustellen, verwendest du den Block zeige dich, den du ebenfalls unter Aussehen findest.

Verstecken und Zeigen mit Symbolen

Zum Verstecken und Zeigen einer Figur findest du im Bereich **Figur** auch passende Symbole, nämlich das Symbol ⌀ zum Verstecken und das Symbol ◉ zum Zeigen.

6 Ein Programm mit Sang und Klang

Du kannst bereits Bühnenbilder, Figuren und Kostüme in deinen Programmen verwenden. Fehlen noch die Klänge! Lerne in diesem Kapitel, wie du Klänge auf der Scratch-Seite auswählst, vom Computer hochlädst oder selbst erstellst. Diese Klänge kannst du anschließend im Code einer Figur verwenden, egal ob schöne Gesänge oder merkwürdige Geräusche. Kurz und knapp: Du selbst gibst in deinen Programmen den Ton an!

Wähle einen Klang aus

Genauso wie du viele Bühnenbilder und Figuren auf der Scratch-Seite findest, gibt es auch eine Menge Klänge zur Auswahl: Boing, Crunch, Gong, Zoop ... Wie du einen Klang auswählst, der zu deinem Programm passt, liest du hier.

1. Welche Figur du gerade verwendest, spielt in diesem Fall keine Rolle. Wähle den Tab **Klänge**.

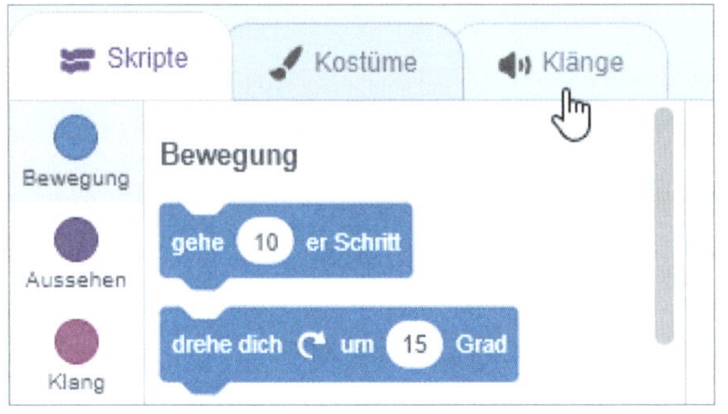

2. Klicke links unten in der Leiste mit den Klängen auf das Lautsprechersymbol. Dieses ist normalerweise blau. Wenn du den Mauszeiger darauf bewegst, erscheint es grün.

3. Bewege den Mauszeiger auf einen Klang, um ihn dir anzuhören. Um den Klang auszuwählen, klicke ihn an.

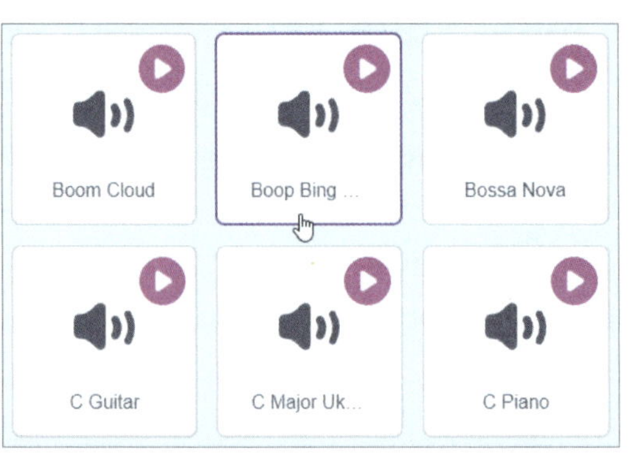

4. Entscheide dich nun wieder für den Tab **Skripte**. Klicke auf den Kreis **Klang**, und ziehe den Block **spiele Klang** in den Programmbereich.

Wähle den Tab „Skripte".

Entscheide dich für den Kreis „Klang".

Ziehe diesen Block in den Programmbereich.

Mit den Klängen ist es ganz ähnlich wie mit den Figuren: Du kannst mehrere Klänge in einem Programm verwenden. Nicht benötigte Klänge kannst du auch wieder löschen, indem du bei einem Klang auf die Mülltonne klickst.

5. Klicke im Menü **spiele Klang** auf den momentan eingestellten Klang. Du öffnest damit ein Menü. In diesem Menü klickst du auf einen zuvor ausgewählten Klang.

Klicke hier, um das Menü zu öffnen.

Wähle im Menü den gewünschten Klang aus.

Hilfe, ich höre keine Klänge!

Damit du Klänge in einem Programm hören kannst, muss ein Lautsprecher an deinen Computer angeschlossen oder in diesen eingebaut sein. Um deine Familie nicht zu stören, kannst du auch Kopfhörer verwenden.

Lade einen Klang vom Computer hoch

Verfügst du über eigene Klangdateien auf dem Computer, kannst du diese auf die Scratch-Seite hochladen und in deinen Programmen nutzen. Das kann irgendein Geräusch, aber zum Beispiel auch dein Lieblingslied sein. Beachte auch in diesem Zusammenhang das Urheberrecht! Frage immer deine Eltern, wenn du etwas hochladen möchtest. Du gehst ähnlich vor wie beim Hochladen von Bühnenbildern oder Figuren:

1. Klicke oberhalb der Leiste mit den Blöcken auf den Tab **Klänge**.

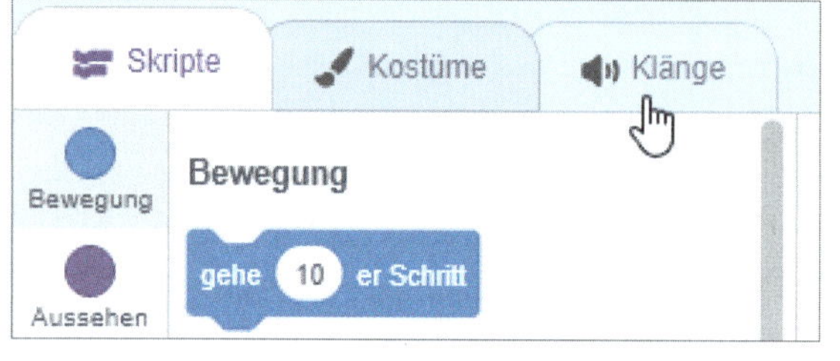

2. Bewege den Mauszeiger unten in der Leiste mit den Klängen auf das Lautsprechersymbol. Klicke im Symbolmenü auf das Symbol mit dem nach oben weisenden Pfeil.

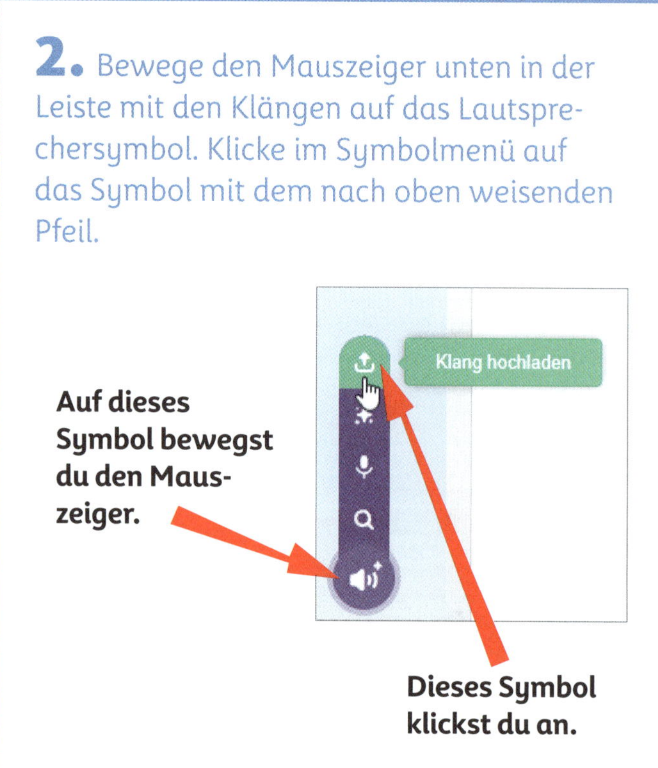

3. Öffne den Speicherort, an dem sich der gewünschte Klang befindet.

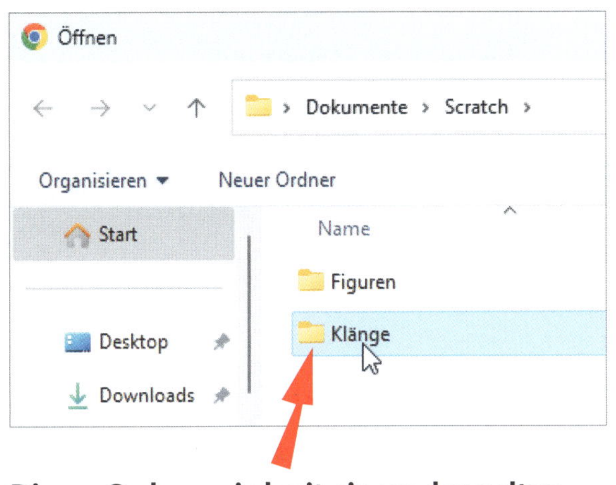

Dieser Ordner wird mit einem doppelten Mausklick darauf geöffnet.

4. Klicke die Klangdatei mit der Maus an, um sie auszuwählen.

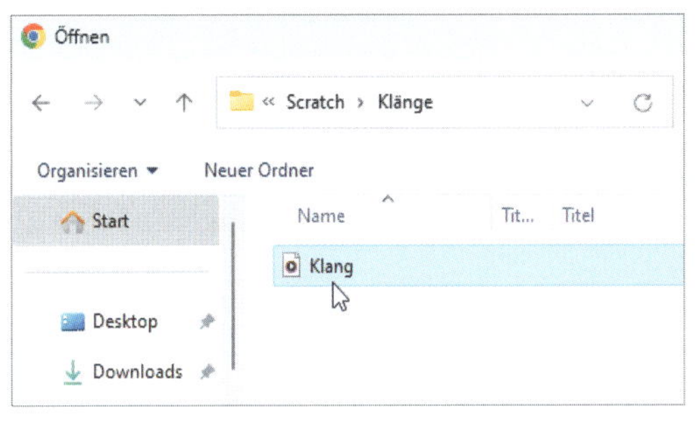

5. Klicke auf **Öffnen**, um die Klangdatei hochzuladen.

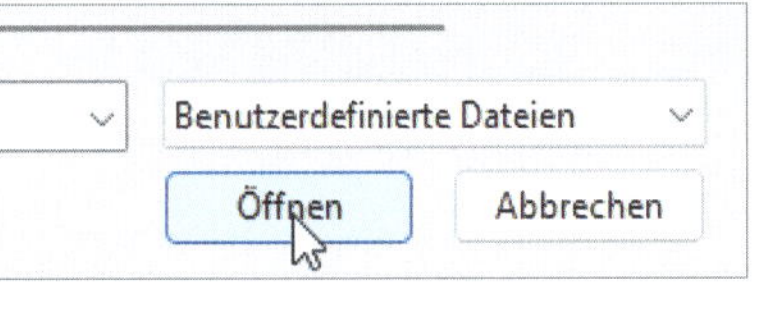

Lade nun nicht gleich alle deine Lieblingslieder auf die Scratch-Seite! Verwende in deinen Programmen lieber kürzere Klänge. Das spart Speicherplatz! Kurze Klänge lassen sich bei Bedarf beliebig oft wiederholen – in Kapitel 7 wirst du noch sehen, wie das geht.

Formate für Klangdateien

Für Klangdateien in Scratch kannst du entweder das Format WAV oder das Format MP3 verwenden. Ein großer Vorteil der MP3-Dateien ist, dass sie weniger Speicherplatz benötigen. Sie nehmen also weniger Platz auf einem Speichermedium ein.

Aufnahme läuft: Tiergeräusche nachäffen

Kannst du Tiergeräusche nachmachen? Dann ran ans Mikrofon! Wie du die Tiergeräusche aufnimmst und in Scratch verwendest, zeigt dir die folgende Anleitung.

1. Beachte zunächst: Ein Klang gehört zur ausgewählten Figur! Nachdem du eine passende Figur ausgewählt hast, klickst du auf den Kreis **Klang** und ziehst den Block **spiele Klang** in den Programmbereich.

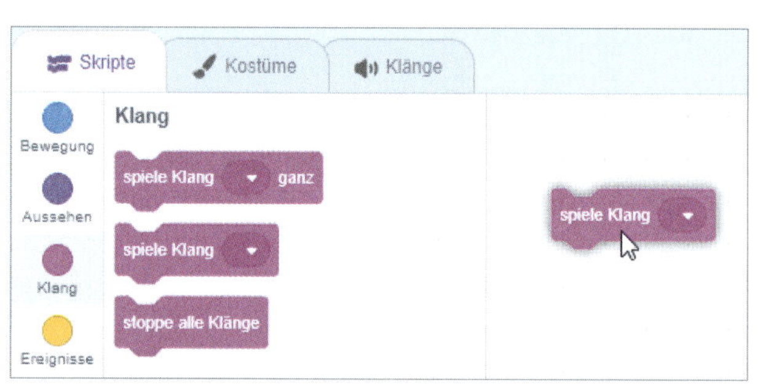

2. Öffne in dem Block **spiele Klang** das Menü, und wähle mit einem Mausklick den Eintrag **zeichne auf**. Voraussetzung ist, dass ein Mikrofon an den Computer angeschlossen ist. Außerdem kann es sein, dass du der Seite extra den Zugriff auf das Mikrofon erlauben musst.

Klicke hier, um das Menü zu öffnen.

Wähle im Menü diesen Eintrag.

3. Bereit für die Aufnahme? Dann klicke auf den roten Knopf, und ahme für ein paar Sekunden ein Tier nach, zum Beispiel einen Affen.

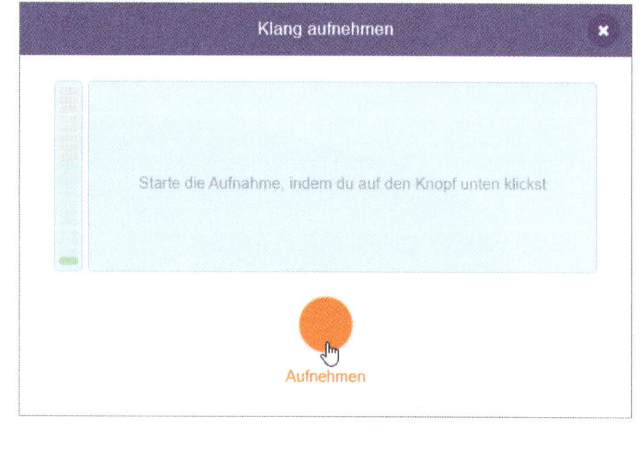

4. Wenn du fertig bist, klicke auf das rote Quadrat, um die Aufnahme zu beenden.

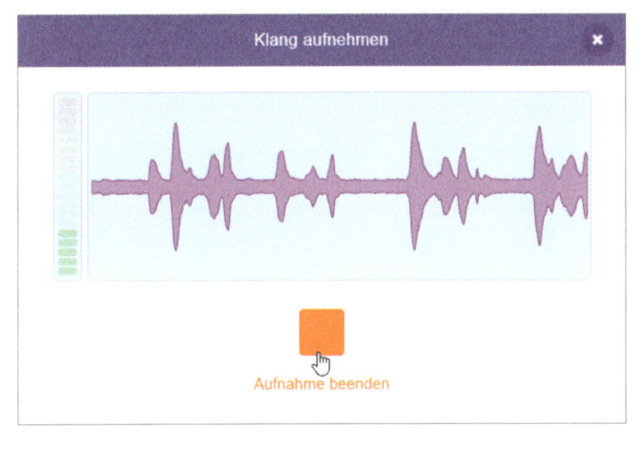

5. Klicke auf **Speichern**. Schon kannst du den Klang in Scratch einsetzen!

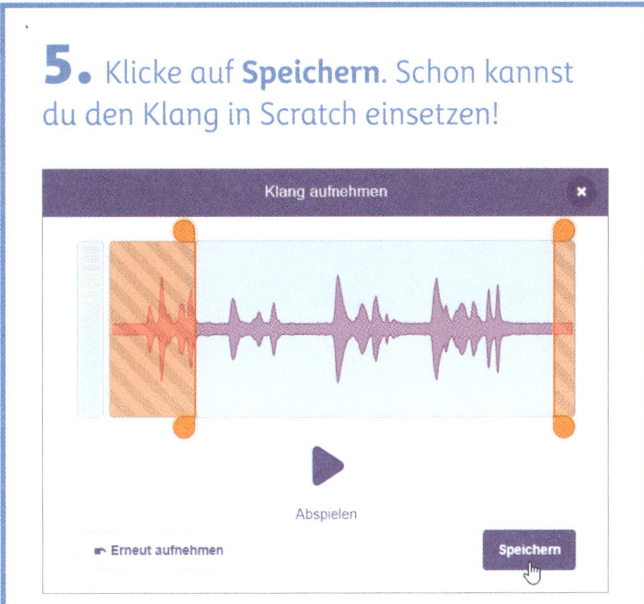

Wiederhole das Ganze mit weiteren Tieren. Kannst du wie ein Bär brummen oder wie ein Hund bellen? Dann nimm die Tiergeräusche auf! Du wirst sie gleich benötigen.

Andere Möglichkeit, Klänge aufzunehmen

Statt einen Klang direkt im Block **spiele Klang** aufzunehmen, kannst du auch eine andere Möglichkeit wählen. Klicke oberhalb der Leiste mit den Blöcken auf **Klänge**. Bewege nun unten in der Leiste den Mauszeiger auf das Lautsprechersymbol, und klicke im Symbolmenü auf das Mikrofonsymbol.

Ein Automat für Tiergeräusche

Nun setze die von dir aufgenommenen Tiergeräusche in einem witzigen Programm ein. Je nach Tastendruck soll ein anderes Tiergeräusch wiedergegeben werden. So gehst du dazu vor:

1. Die Figur, die du zuvor mit den selbst aufgenommenen Geräuschen versehen hast, ist ausgewählt.

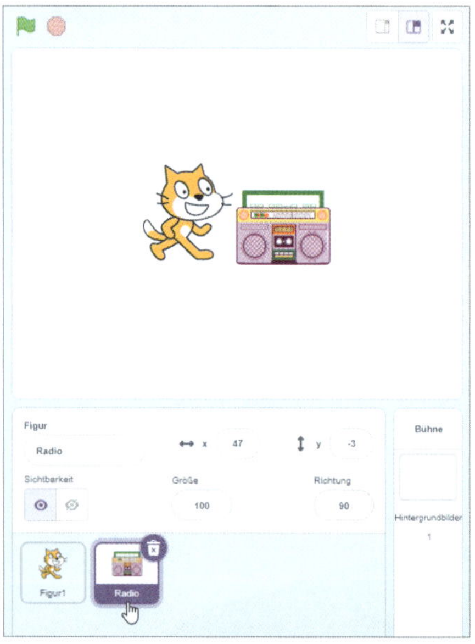

2. Wähle den Kreis **Ereignisse**, und hefte den Block **Wenn Taste Leertaste gedrückt wird** oben an den Block **spiele Klang** an.

3. Hast du zehn Geräusche aufgenommen? Dann verdopple die beiden Blöcke noch neun Mal. Du erinnerst dich: Klicke den oberen Block mit der rechten Maustaste an, und wähle dann im Menü den Eintrag **Duplizieren**. Hast du keine Geräusche selbst aufgenommen, kannst du natürlich auch die Geräusche von der Scratch-Seite einsetzen.

Klicke den oberen Block mit der rechten Maustaste an.

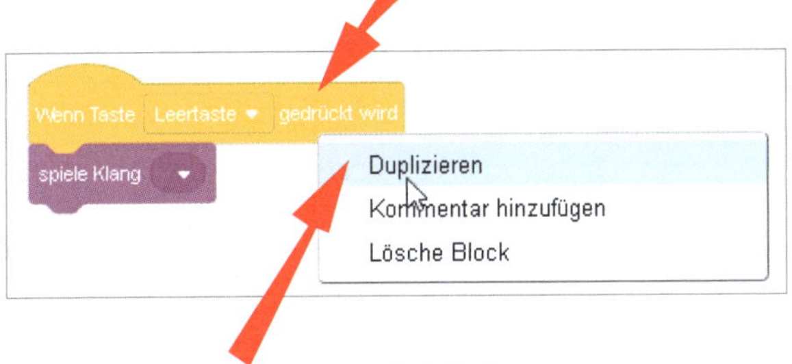

Im Kontextmenü klickst du auf diesen Eintrag.

4. Bestimme im gelben Block jeweils die Taste, die gedrückt werden soll.

Klicke hier, um das Menü zu öffnen.

Wähle im Menü eine Taste aus.

5. Und im lilafarbenen Block bestimmst du, welcher Klang beim Drücken einer bestimmten Taste gespielt werden soll. Probiere die Tiergeräusche-Maschine doch gleich mal aus!

Klicke hier, um das Menü zu öffnen.

Wähle im Menü einen Klang aus.

Mausklick statt Taste?

Eine weitere Programmidee zum Selberknobeln: Erstelle ein Programm mit vielen Tierfiguren, und weise jeder Tierfigur selbst aufgenommene Geräusche zu. Verwende dazu jeweils den Befehl **Wenn diese Figur angeklickt wird**.

So lassen sich Klänge bearbeiten

Ein Klang ist zu lang? Das Gebrumm klingt dumm? Auf der Scratch-Seite kannst du die Klänge noch bearbeiten. Das geht ganz einfach und macht sogar richtig Spaß!

1. Klicke oberhalb der Leiste mit den Blöcken auf den Tab **Klänge**. Wähle dann den Klang aus, den du bearbeiten möchtest.

Wähle den Tab „Klänge“.

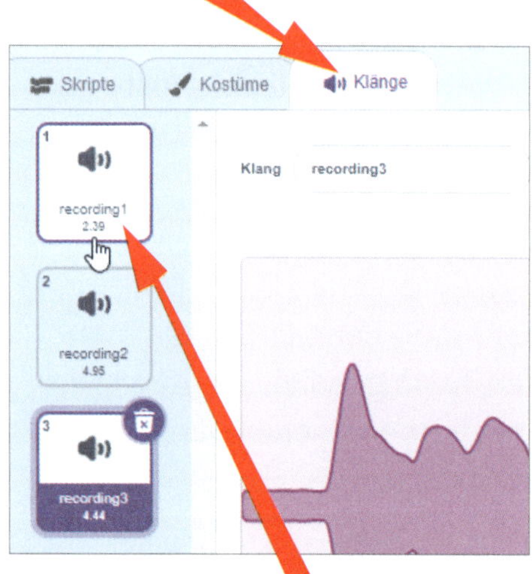

Klicke auf den Klang, den du bearbeiten möchtest.

2. Gib dem Klang einen sinnvollen Namen. Trage diesen in das Feld links oben ein.

3. Zum Zuschneiden eines Klangs markiere den Bereich, den du wegschneiden möchtest, indem du bei gedrückter Maustaste darüberziehst. Klicke dann auf die Schere.

Klicke auf die Schere, um den markierten Bereich aus dem Klang zu löschen.

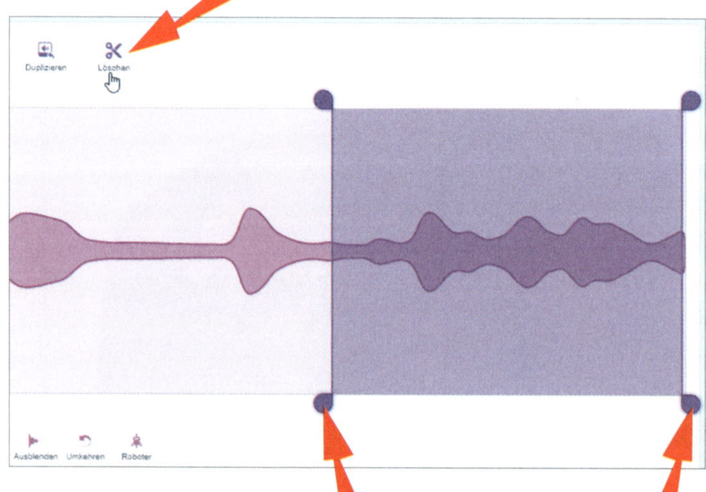

Der Bereich, der gelöscht wird, wird durch runde Markierungen eingefasst.

4. Unterhalb des Klangs findest du noch ein paar Symbole mit nützlichen Funktionen. Du kannst einen Klang damit zum Beispiel langsamer wiedergeben oder lauter erklingen lassen.

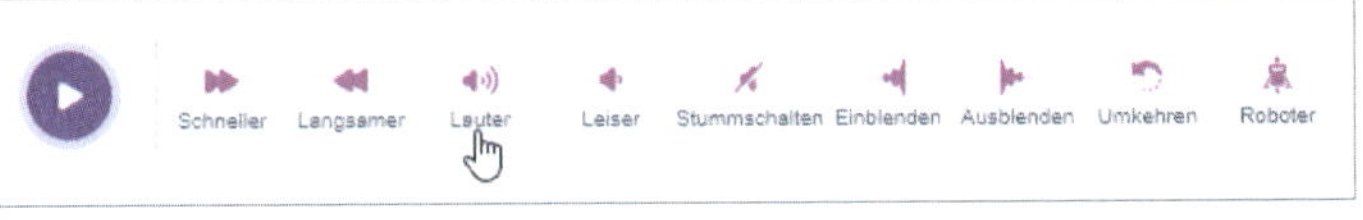

5. Die Änderungen werden automatisch gespeichert. Bist du mit der Bearbeitung der Klänge fertig, klicke auf den Tab **Skripte**, um wieder programmieren zu können.

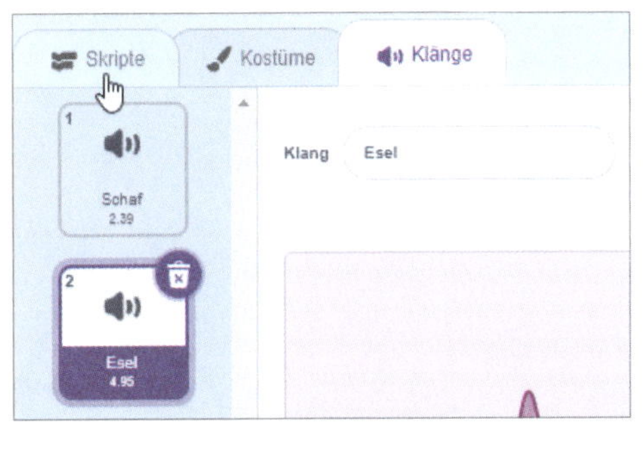

Eine Änderung ist nicht so, wie du sie eigentlich haben wolltest? Dann klicke oberhalb des Klangs auf das Symbol ↶. Damit nimmst du eine Änderung zurück. Um eine Änderung wiederherzustellen, klickst du auf das Symbol ↷.

Was bedeutet das Wort Skript?

Du liest auf der Scratch-Seite das Wort „Skript“. Skript ist ein anderes Wort für ein Programm, das in einer sogenannten Skriptsprache geschrieben wurde. Auch Scratch ist eine Skriptsprache.

7 Mit Schleifen: einen richtigen Zeichentrickfilm erstellen

Es gibt viele Arten von Schleifen: Schleifen an Geschenken, Schleifen, die um den Hals gebunden werden, Telefonschleifen, Schleifen, die ein Flugzeug dreht. Schließlich gibt es auch Schleifen in Programmen. Diese dienen dazu, Programmteile zu wiederholen, damit du sie nicht unnötigerweise erneut eingeben musst. Im Programmierprojekt dieses Kapitels setzt du Schleifen ein, um einen Zeichentrickfilm zu erstellen. Baue das Programm Abschnitt für Abschnitt auf!

Bestimme die Bühnenbilder und Figuren

In deinem Film soll die Hauptfigur durch mehrere Bühnenbilder wandern und dort jeweils andere Figuren treffen. Lade deshalb im ersten Schritt die gewünschten Bühnenbilder und Figuren in dein Programm. Wähle beliebige Bilder und Figuren, die du in deinem Zeichentrickfilm sehen möchtest!

1. Wie in Kapitel 4 gelernt: Nutze die Symbole im Bereich **Bühne**, um Bühnenbilder auszuwählen, selber zu malen oder vom Computer hochzuladen. Du brauchst nicht die gleichen Bilder auszuwählen wie wir – triff eine Auswahl ganz nach deinem eigenen Geschmack!

Bewege den Mauszeiger auf dieses Symbol, um das Symbolmenü zu öffnen.

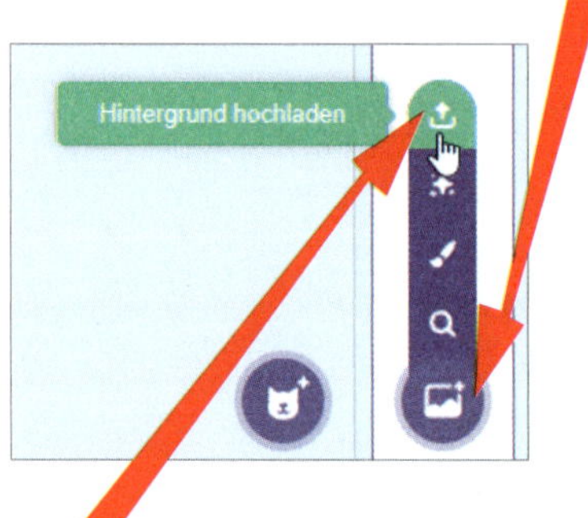

Möchtest du ein Bühnenbild vom Computer hochladen, klickst du auf dieses Symbol.

2. Zum Verwalten deiner Bühnenbilder klickst du dann oberhalb der Blöcke auf den Tab **Hintergrundbilder**. Dieser Tab wird nur angezeigt, wenn du den Bereich **Bühne** ausgewählt hast.

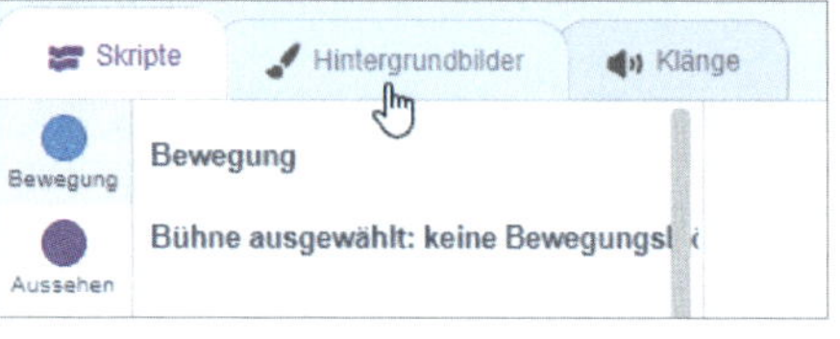

3. Bringe die Bühnenbilder durch Ziehen bei gedrückter Maustaste in die Reihenfolge, in der sie in deinem Film erscheinen sollen. Das wird wichtig, wenn du im Programm später zum „nächsten" Bühnenbild wechseln willst.

4. Als Nächstes wählst du im Bereich **Figur** die Figuren aus, die im Programm auftauchen sollen. Eventuell wird es noch nötig sein, die Größe der Figuren anzupassen. Wie das alles geht, hast du in Kapitel 5 gelernt.

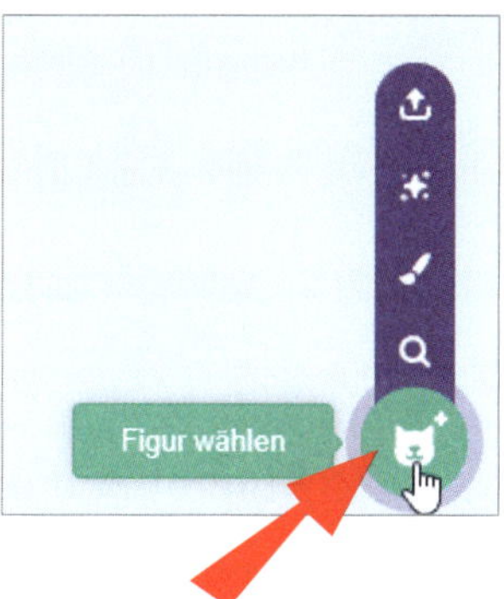

Klicke auf dieses Symbol, um eine vorhandene Figur zu wählen. Mit den anderen Symbolen kannst du aber auch eine Figur selber malen oder diese vom Computer hochladen.

5. Klicke auf die Hauptfigur, um für diese gleich im Anschluss den ersten Programmteil zu schreiben.

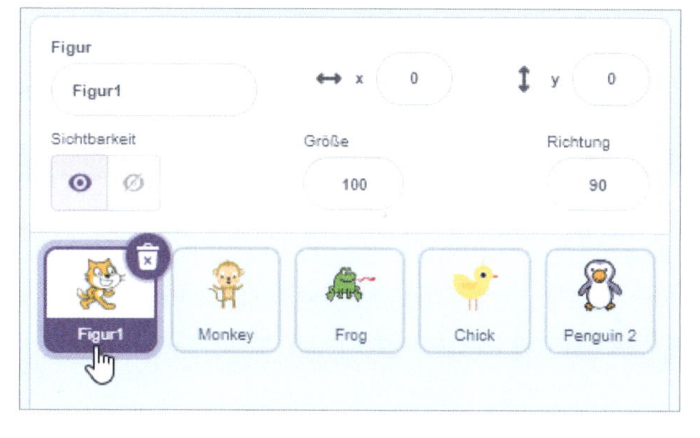

Du kannst in deinem Film so viele Bühnenbilder und Figuren verwenden, wie du möchtest! Wenn du im Moment noch keine Vorstellung hast, wie lang der Film werden soll, kein Problem: Du kannst weitere Bühnenbilder und Figuren auch noch später hinzufügen.

Herrscht nun ein Figuren-Wirrwarr?

Alle Figuren, die du auswählst, werden im Anzeigebereich angezeigt. Bei vielen Figuren herrscht da ein ganz schönes Wirrwarr! Wähle deshalb im Bereich **Figur** alle Figuren außer der Hauptfigur aus, und klicke jeweils auf das Symbol ⊘, um die Figur zu verstecken.

Lass die Hauptfigur zur Mitte gehen

Nachdem du Bühnenbilder und Figuren für deinen „Film" ausgewählt hast, schreibst du den Programmteil für die Hauptfigur. Falls du dir bei der Auswahl unsicher sein solltest, nimm einfach wieder die Katze. Du wirst vielleicht einige Zeit brauchen, um die einzelnen Blöcke zusammenzusuchen, aber es lohnt sich!

1. Die Hauptfigur ist im Bereich **Figur** ausgewählt. Ziehe als Erstes den Block **Wenn 🏴 angeklickt wird** in den Programmbereich.

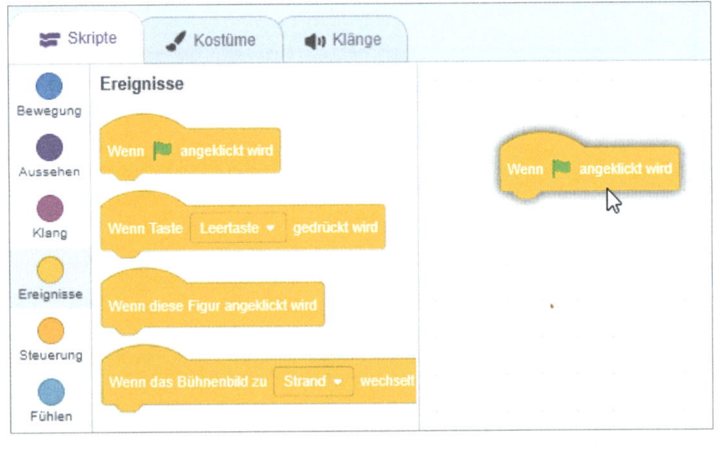

2. Als Nächstes bestimmst du das erste Bühnenbild und legst fest, wo die Hauptfigur erscheinen soll.

Mit diesem Block wählst du das erste Bühnenbild aus. Du findest ihn im Kreis „Aussehen".

Mit diesem Block gibst du an, wo die Hauptfigur erscheint. Du findest den Block im Kreis „Bewegung". Lege als Werte wie in der Abbildung „-180" und „-20" fest. Das bedeutet einfach, dass die Figur auf der linken Seite in der Mitte aufgestellt wird.

3. Wähle den Kreis **Steuerung**, und hefte den Block **wiederhole 10-mal** – das ist eine Schleife – unten an die bereits vorhandenen Blöcke.

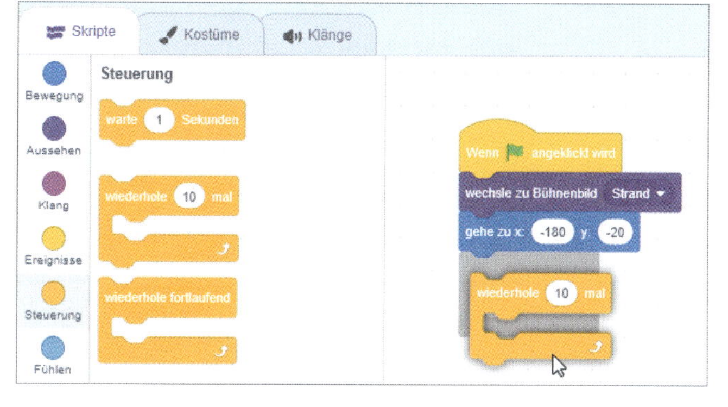

4. Ziehe mit der Maus die Blöcke in die Schleife, die wiederholt werden sollen. Die Katze soll sich bewegen und dabei ihr Kostüm wechseln.

Trage hier ein, wie oft die Befehle wiederholt werden sollen.

Die Katze soll 30 Mal einen 5er-Schritt gehen.

Die Katze soll nach jedem 5er-Schritt das Kostüm wechseln.

5. Unten an die Schleife heftest du noch zwei weitere Blöcke an: Die Katze soll 3 Sekunden warten und dann „Hallo!“ sagen.

Schleifen sind dir beim Programmieren eine wirklich große Hilfe. Sie sorgen dafür, dass du den gleichen Code – etwa zum Fortbewegen der Figur – nicht immer wieder eintippen musst.

Wie beim Puzzeln!

Ab jetzt wird dir nicht mehr jeder einzelne Block erklärt. Richte dich beim Zusammenbasteln der Programme nach den Abbildungen! Vergleiche es mit einem Puzzle, bei dem du die richtigen Teile suchst und zusammensetzt.

Lass das Äffchen ebenfalls zur Mitte „schleifen“

Die Katze ist zur Mitte gegangen und wartet dort auf das Äffchen. Auch dieses bewegt sich zur Mitte, allerdings von der anderen Seite. So setzt du den Programmteil für das Äffchen zusammen:

1. Wähle das Äffchen im Bereich **Figur** aus. Wenn dir das Äffchen nicht gefällt, wähle einfach eine andere Figur.

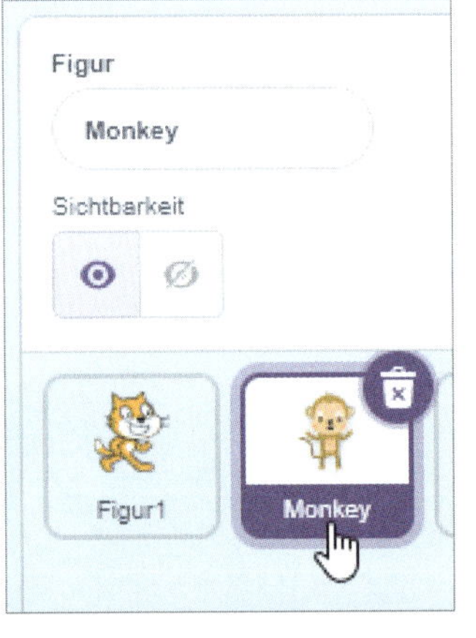

2. Ziehe die folgenden Blöcke in den Programmbereich. Passe die Werte so an, wie es in der Abbildung zu sehen ist.

```
Wenn [Flagge] angeklickt wird
zeige dich
setze Größe auf (70)
gehe zu x: (180) y: (-20)
setze Richtung auf (-90) Grad
setze Drehtyp auf [links-rechts ▾]
warte (2) Sekunden
```

Auch der Programmteil des Äffchens soll nach einem Mausklick auf das Symbol 🏁 starten.

Das versteckte Äffchen soll eingeblendet werden.

Mit diesem Block wird die Größe der Figur bestimmt.

Dieser Block gibt an, wo das Äffchen erscheinen soll.

Mit diesem Block legst du fest, in welche Richtung sich die Figur bewegen soll.

Mit diesem Block bestimmst du, in welche Richtung die Figur zeigen soll.

Schließlich sagst du dem Äffchen, dass es noch zwei Sekunden warten soll, bis die Katze in der Mitte ist.

3. Es folgt die Schleife, mit der sich das Äffchen zur Mitte bewegt. Der Code sieht ähnlich aus wie bei der Katze.

4. Füge vier weitere Blöcke unten an die Schleife an, mit denen das Äffchen die Katze grüßt und sich dann versteckt.

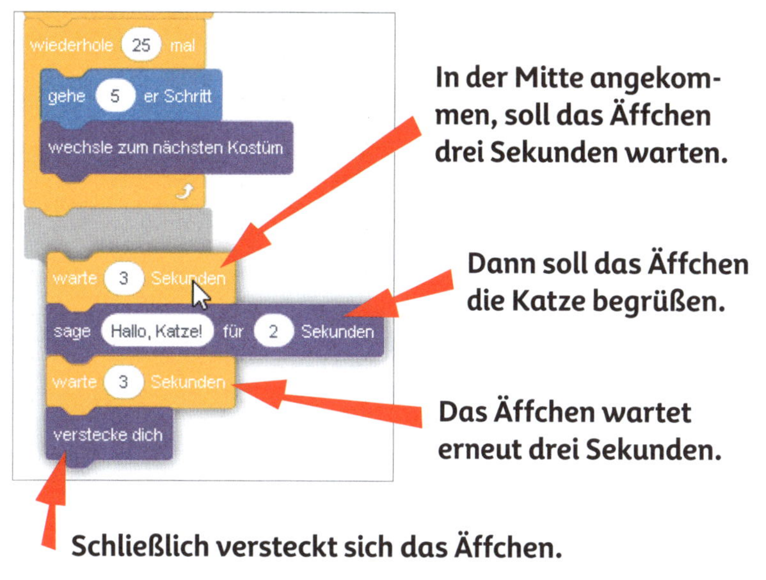

In der Mitte angekommen, soll das Äffchen drei Sekunden warten.

Dann soll das Äffchen die Katze begrüßen.

Das Äffchen wartet erneut drei Sekunden.

Schließlich versteckt sich das Äffchen.

5. Klicke nun auf das Symbol ⚑, um den bisherigen Film laufen zu lassen!

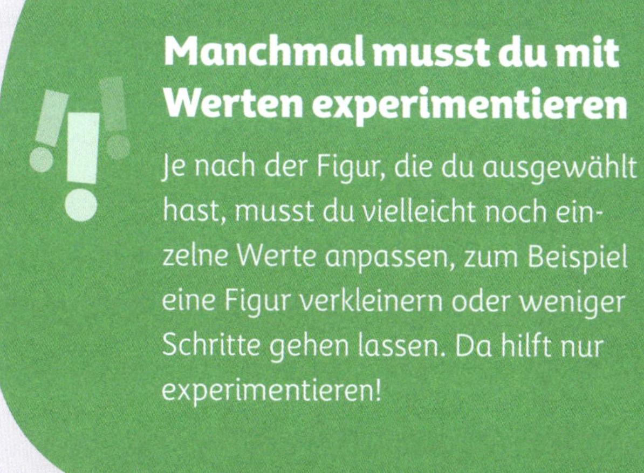

Manchmal musst du mit Werten experimentieren

Je nach der Figur, die du ausgewählt hast, musst du vielleicht noch einzelne Werte anpassen, zum Beispiel eine Figur verkleinern oder weniger Schritte gehen lassen. Da hilft nur experimentieren!

Die Katze geht zum nächsten Bühnenbild

Die Katze und das Äffchen haben sich gegrüßt. Anschließend geht die Katze zum rechten Rand weiter, und das Bühnenbild wechselt. Um das zu programmieren, gehst du folgendermaßen vor:

1. Wähle im Bereich **Figur** die Hauptfigur aus.

2. Hefte unten an den bisherigen Programmteil einen weiteren Block an. Mit diesem bestimmst du, dass die Katze zwei Sekunden warten soll, bevor es weitergeht.

```
Wenn [Flagge] angeklickt wird
wechsle zu Bühnenbild Strand
gehe zu x: -180 y: -20
wiederhole 30 mal
    gehe 5 er Schritt
    wechsle zum nächsten Kostüm
warte 3 Sekunden
sage Hallo! für 2 Sekunden
warte 2 Sekunden
```

3. Dann folgt der Block **wiederhole 10-mal**, um eine Schleife zu erzeugen.

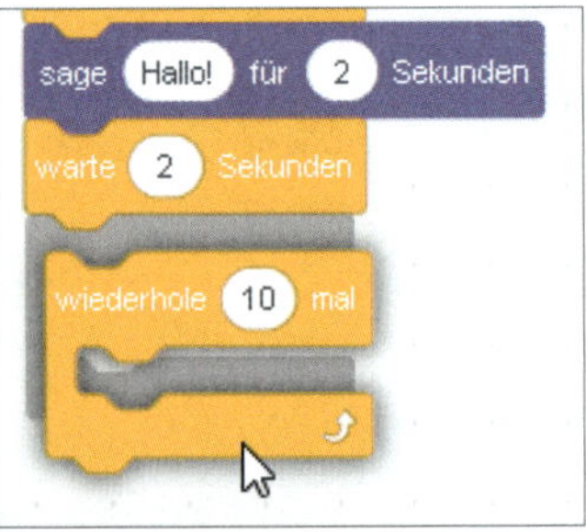

4. Passe die Anzahl der Wiederholungen an, und füge die Blöcke zum Bewegen der Katze in die Schleife ein. Ein kleiner Tipp: Falls dir die Katze zu schnell tippeln sollte, verlangsame das Gehen mithilfe eines **warte**-Blocks.

Diese Schleife soll 60-mal wiederholt werden.

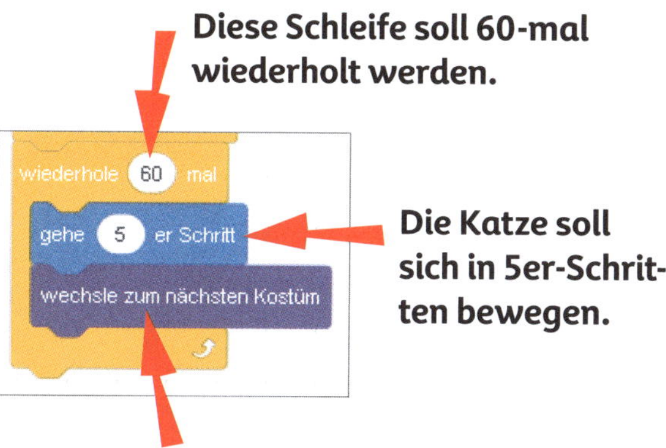

Die Katze soll sich in 5er-Schritten bewegen.

Die Katze soll nach jedem 5er-Schritt das Kostüm wechseln.

5. Wenn die Katze zum rechten Rand gelangt, soll das Bühnenbild wechseln, und die Katze soll wieder am linken Rand erscheinen. Das bestimmst du mit zwei weiteren Blöcken.

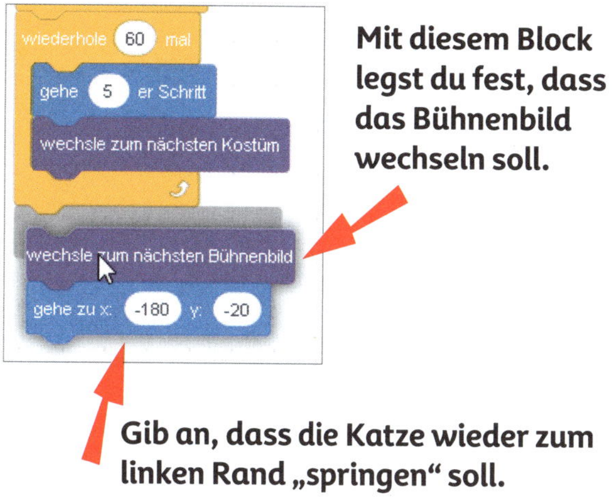

Mit diesem Block legst du fest, dass das Bühnenbild wechseln soll.

Gib an, dass die Katze wieder zum linken Rand „springen“ soll.

Mit Kommentaren den Durchblick behalten

Um auch nach einem Monat noch zu verstehen, welcher Programmteil welche Bedeutung hat, nutze Kommentare. Um bei einem Block einen Kommentar zu notieren, klicke diesen mit der rechten Maustaste an, und wähle **Kommentar hinzufügen**.

Statt zum nächsten Bühnenbild zu wechseln, kannst du mit dem passenden Block auch ein bestimmtes Bühnenbild auswählen. Und überhaupt: Passe den Code so an, wie es dir gefällt!

Setze den Film selbst fort!

Wie lange dein Film läuft, entscheidest du selbst! Hier wird dir gezeigt, wie du den Code für die Katze durch eine passende Schleife erweiterst und den Code für die Nebendarsteller einfach kopierst und anpasst.

1. Ziehe einen weiteren Block **wiederhole 10-mal** in den Programmbereich, und hefte ihn so an wie in der Abbildung gezeigt. Die darunter befindlichen Blöcke werden automatisch in die Schleife aufgenommen.

2. Gib an, wie oft die neue Schleife wiederholt werden soll. Wie viele Figuren sollen der Katze auf unterschiedlichen Bühnenbildern begegnen?

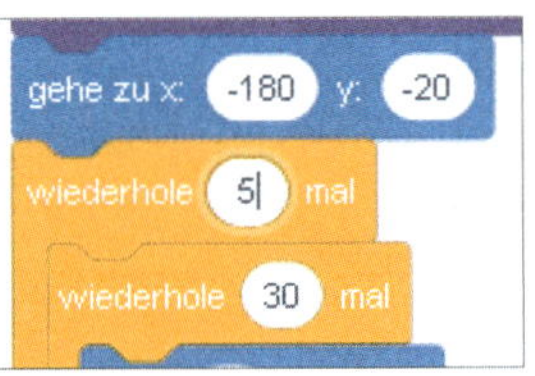

3. Als Nächstes wählst du das Äffchen aus, für das du ja auch schon einen Programmteil erstellt hast.

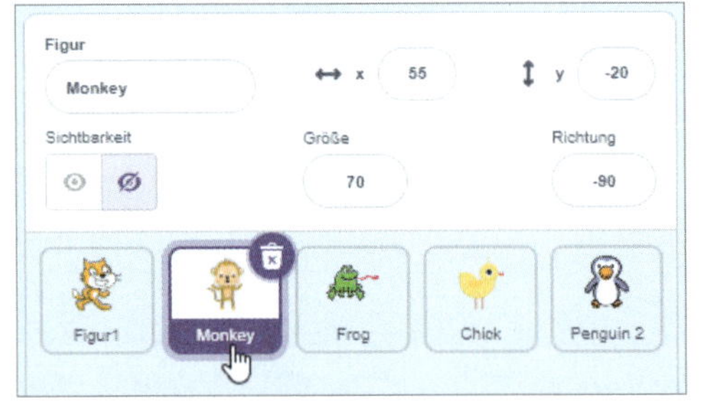

4. Klicke den obersten Block des Programmteils an, und ziehe ihn bei gedrückter Maustaste im Bereich **Figur** auf die zweite Nebenfigur, in diesem Fall den Frosch.

5. Jetzt brauchst du nur noch den Code für die zweite Nebenfigur etwas anzupassen. Insbesondere muss die Nebenfigur bis zu ihrem Auftritt länger warten, hier 11 Sekunden.

Trage hier ein, wie lange die Nebenfigur bis zu ihrem Auftritt warten muss.

Zum Programmieren gehört auch die Fehlersuche

Beim Programmieren kommt es öfter vor, dass sich kleine Fehler einschleichen. Zum Beispiel befindet sich ein Block nicht dort, wo er hingehört. Solche Fehler zu finden und zu beseitigen, gehört auch zum Programmieren. Man nennt das Beseitigen von Programmfehlern auch Debuggen (das sprichst du: Dihbaggen).

Du kannst den Programmcode des Äffchens auf beliebig viele andere Figuren ziehen und musst dann bloß ein paar Werte wie die Wartezeit oder die Größe der Figur anpassen. Um die Wartezeiten herauszufinden, lass das Programm laufen, und stoppe die Zeiten. Führe den fertigen Film deiner Familie und deinen Freundinnen und Freunden vor! Und: Das Speichern nicht vergessen!

Die Figuren richtig sprechen lassen

Schließlich kannst du dein Programm nachträglich noch aufmöbeln. Statt die Figuren in Sprechblasen reden zu lassen, zeichne selbst lustige Stimmen auf! Damit macht dein Programm gleich noch mehr her.

1. Wähle im Bereich **Figur** als Erstes die Hauptfigur aus.

2. Klicke im Programmteil der Katze mit der rechten Maustaste auf den Block **sage Hallo! für 2 Sekunden**, und wähle im Menü **Lösche Block**.

Klicke mit der rechten Maustaste auf diesen Block.

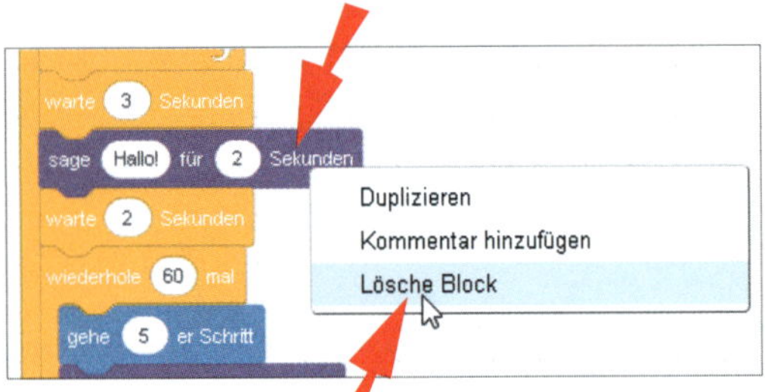

Klicke im Kontextmenü mit der linken Maustaste auf diesen Eintrag.

3. Klicke auf den Kreis **Klang**, und ziehe den Block **spiele Klang** an die Stelle des zuvor gelöschten Blocks.

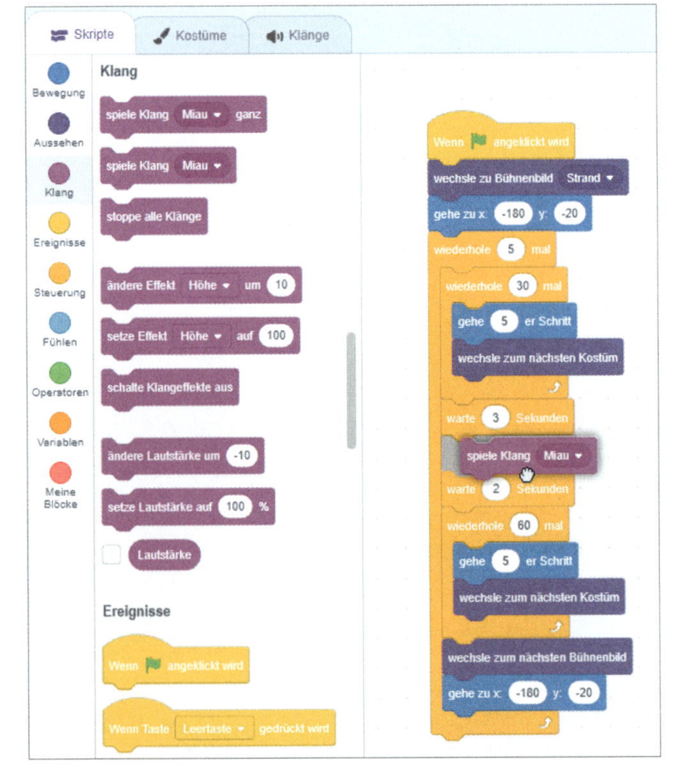

4. Klicke auf den voreingestellten Klang, und wähle im Menü den Eintrag **zeichne auf**.

Klicke hier, um das Menü zu öffnen.

Wähle im Menü diesen Eintrag.

5. Zeichne eine lustige Begrüßung auf. Wie das gemacht wird, hast du bereits in Kapitel 6 gelernt.

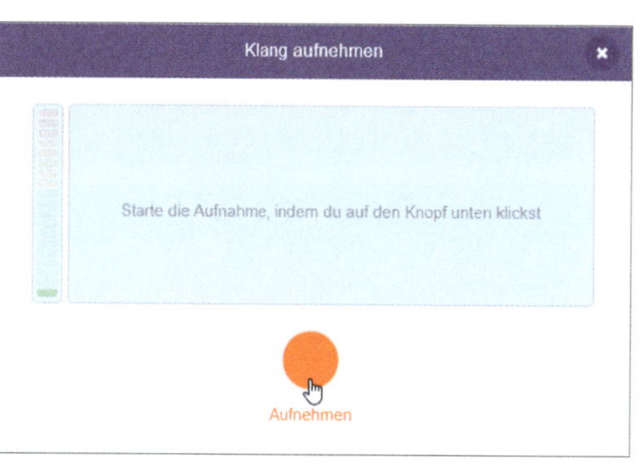

Tausche den Sprechblasen-Block auch in den Programmteilen der Nebenfiguren aus. Ersetze ihn jeweils durch einen Block spiele Klang. Zeichne möglichst witzige Begrüßungen auf. Versuche, dabei deine Stimme zu verstellen: piepsen, brummen, … – alles ist erlaubt!

Lange Programme schneller ausführen lassen

Scratch kennt einen Turbo-Modus, mit dem sich lange Programme schneller ausführen lassen. Dieser wird dir aber erst bei noch fortgeschritteneren Programmen wirklich nützlich sein. Um den Turbo-Modus mal auszuprobieren, wähle in der Leiste oben in Scratch **Bearbeiten** und dann **Turbo-Modus einschalten**. Du kannst zum Einschalten auch das Symbol bei gedrückter ⇧-Taste anklicken (diese Taste findest du auf der Tastatur gleich zweimal in der zweiten Reihe von unten). Auf die gleiche Weise kannst du den Turbo-Modus auch wieder ausschalten.

8 Erstelle eine Musikbox

Beim nächsten Programm, das du schreibst, setzt du unter anderem sogenannte bedingte Anweisungen ein. Das klingt schwierig, ist aber ganz einfach! Du sagst dem Computer damit, dass eine von dir gewählte Aktion erst dann ausgeführt werden soll, wenn eine bestimmte Bedingung erfüllt ist. In diesem Kapitel verwendest du bedingte Anweisungen, um eine Musikbox zu erstellen, die deine Lieblingslieder wiedergibt. Verwende dazu unter anderem deine in Kapitel 6 gewonnenen Kenntnisse!

Suche Musik aus, die dir gefällt

Verwende für deine Musikbox deine eigenen MP3-Dateien. Voraussetzung dafür ist, dass sich solche Dateien auf dem Computer befinden. Ist dies nicht der Fall, frage deine älteren Geschwister oder deine Eltern danach! Wenn du ein Programm veröffentlichen willst, achte darauf, dass keine urheberrechtlich geschützten Lieder enthalten sind! Das sind die ersten Schritte zum Erstellen der Musikbox:

1. Als Figur nimmst du wieder die dir bereits bestens bekannte Katze. Wähle diese im Bereich **Figur** aus, und klicke oberhalb der Leiste mit den Blöcken auf den Tab **Klänge**.

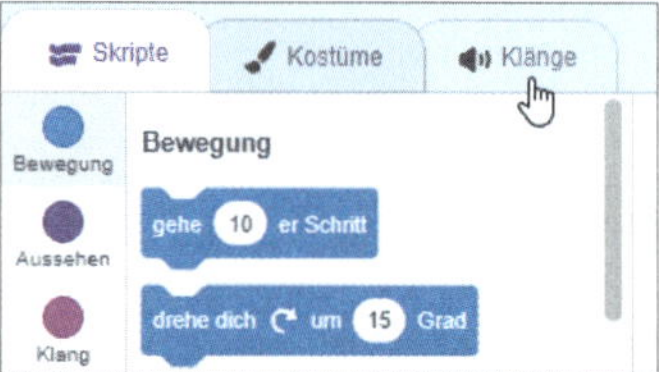

2. Bewege den Mauszeiger unten in der Leiste mit den Klängen auf das Lautsprechersymbol. Klicke auf das Symbol mit dem nach oben weisenden Pfeil.

Auf dieses Symbol bewegst du den Mauszeiger.

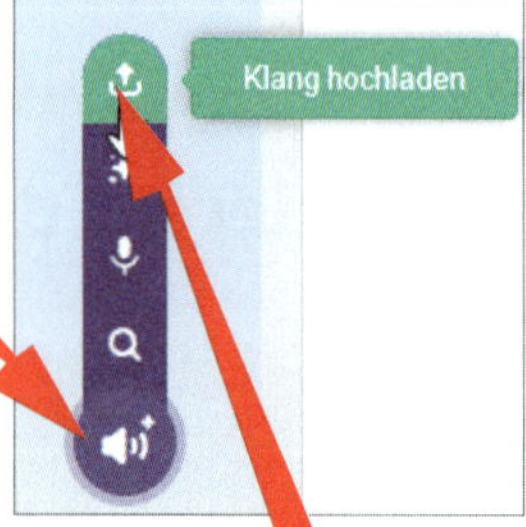

Auf dieses Symbol klickst du, um eine MP3-Datei hochzuladen.

3. Wähle die gewünschten MP3-Dateien auf dem Computer aus. Klicke dann auf **Öffnen**. Stehen dir momentan noch keine Musikdateien zur Verfügung, kannst du für das Programm auch wieder die in Scratch bereits vorhandenen Klänge einsetzen.

Hier wurden alle Dateien in einem Ordner ausgewählt. Auf einem Windows-Computer drückst du dazu die Tastenkombination Strg + A, auf einem Mac-Computer cmd + A.

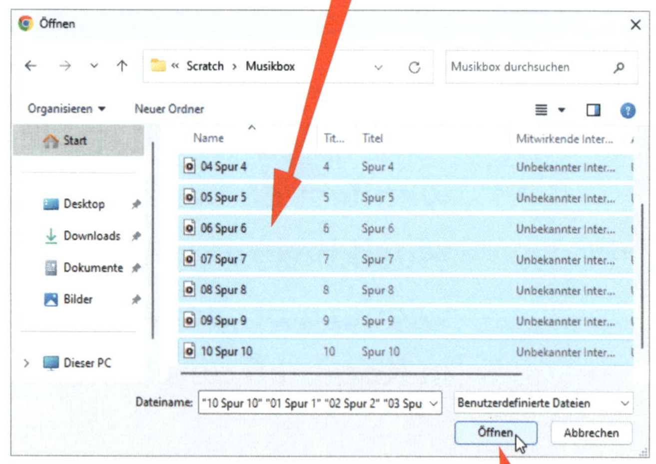

Klicke hier, um die MP3-Dateien auf die Scratch-Seite hochzuladen.

4. Gib den hochgeladenen MP3-Dateien sinnvolle Namen.

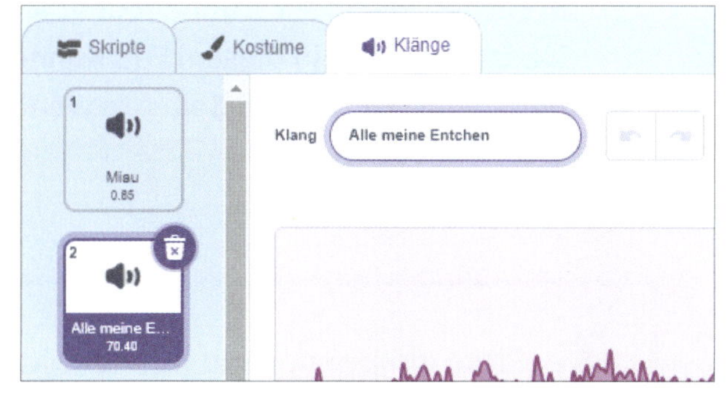

5. Ziehe den Block **spiele Klang** sooft in den Programmbereich, wie du ihn brauchst. Wähle in den einzelnen Blöcken deine Lieder aus. Denke daran, im Anschluss wieder zum Tab **Skripte** zurückzuwechseln.

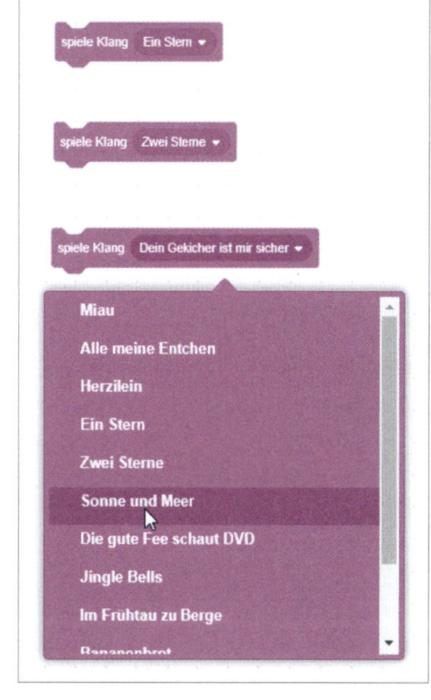

Musikdateien kannst du auch von einer Musik-CD auf den Computer laden. Dazu muss ein CD-Laufwerk vorhanden sein. Um die CD als Musikdateien auf dem Computer zu speichern, verwendest du ein Programm wie zum Beispiel den Windows Media Player (das sprichst du: Windous Midia Pläier).

Klänge übertragen

Denke daran, dass die Klänge zur jeweils ausgewählten Figur gehören! Fügst du eine weitere Figur hinzu, musst du die Klänge aber nicht erneut hochladen. Du kannst sie einfach bei gedrückter Maustaste aus der Leiste mit den Klängen auf die andere Figur im Bereich **Figur** ziehen. Dabei die Maustaste erst dann loslassen, wenn die Figur wackelt!

Wähle die Bühnenbilder aus

Jetzt wählst du die Bühnenbilder für dein Programm aus. Bei jedem Lied soll ein anderes Bühnenbild erscheinen. Deshalb brauchst du so viele Bühnenbilder wie Lieder. Lass uns in diesem Fall Bühnenbilder von der Scratch-Seite verwenden.

1. Du erinnerst dich: Klicke im Bereich **Bühne** auf das Fotosymbol.

2. Klicke ein Bühnenbild mit der Maus an, um es in dein Programm zu übernehmen. Wiederhole die ersten beiden Schritte mit weiteren Bühnenbildern.

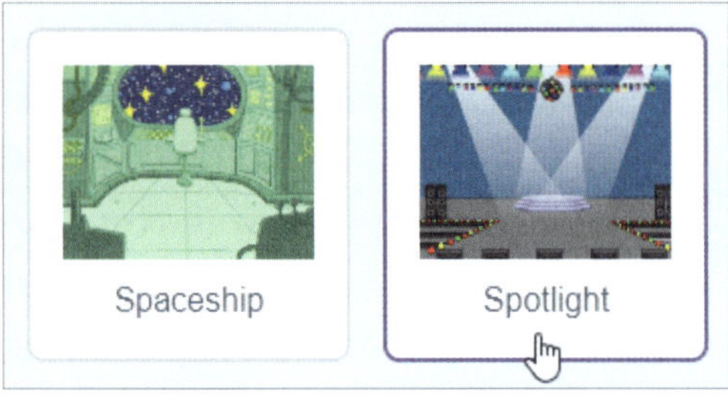

3. Nachdem du die Bühnenbilder ausgewählt hast, klickst du links oben auf den Tab **Hintergrundbilder**.

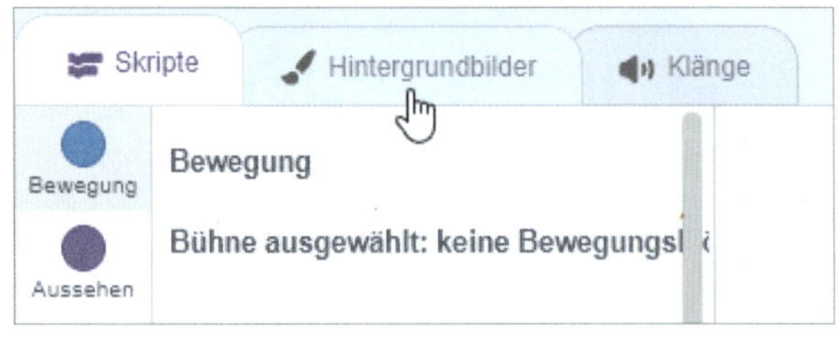

4. Wie bei den Klängen: Gib den Bühnenbildern sinnvolle Namen!

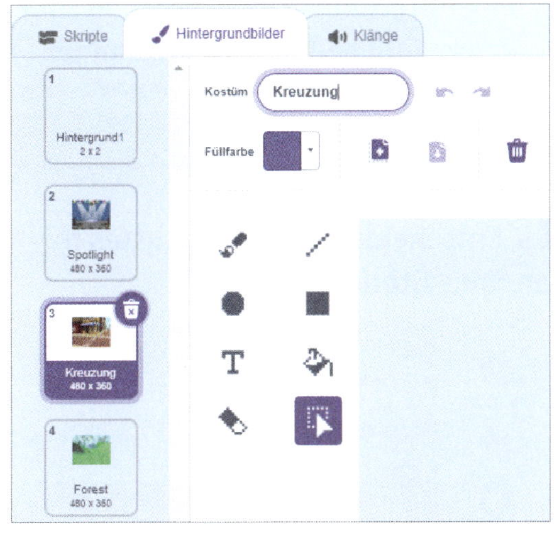

5. Klicke im Bereich **Figur** die Figur an. Ziehe dann so viele Blöcke **wechsle zu Bühnenbild** in den Programmbereich, wie du benötigst. Wähle in den Blöcken die Bühnenbilder aus.

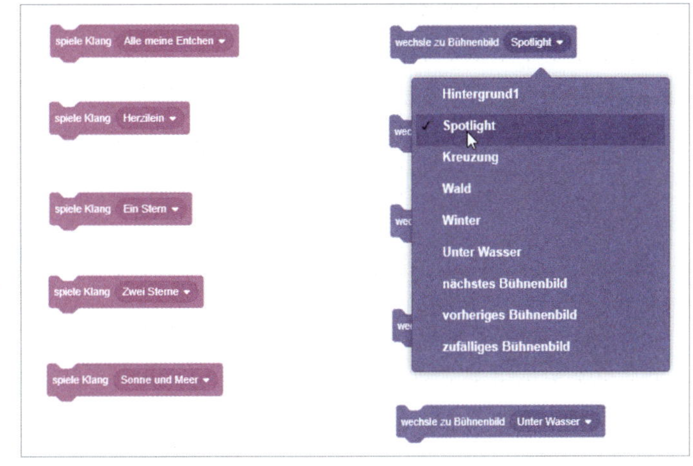

Möchtest du, dass auch noch der Name des Lieds im Programm angezeigt wird? Dazu könntest du den Block sage Hallo! verwenden.

Halte Platz für das Programm frei!

Verteile die vorbereiteten Blöcke rechts oder unten im Programmbereich, eben so, dass Platz für das eigentliche Programm frei bleibt. Ansonsten kannst du den Programmbereich aber auch bei gedrückter Maustaste in eine von dir gewählte Richtung ziehen.

Programmiere nun die Wiedergabe

Nachdem du die MP3-Dateien und Bühnenbilder vorbereitet hast, erstellst du das Gerüst für dein Musikbox-Programm. Dabei nutzt du zum ersten Mal bedingte Anweisungen.

1. Das Programm soll gestartet werden, wenn du auf das Symbol 🏁 klickst. Deshalb wähle als ersten Block **Wenn 🏁 angeklickt wird**.

Wähle den Kreis „Ereignisse“.

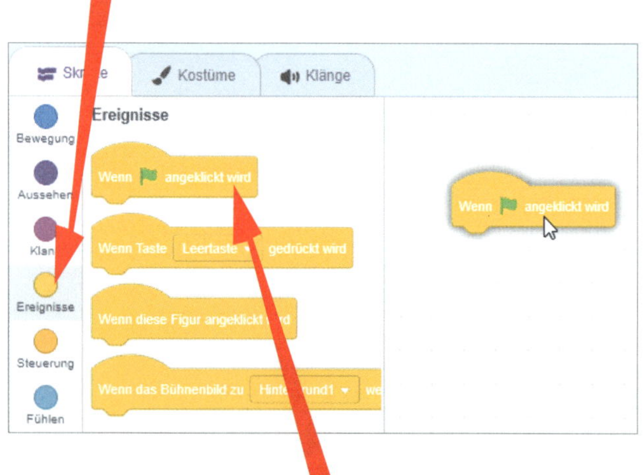

Ziehe diesen Block bei gedrückter linker Maustaste in den Programmbereich.

2. Entscheide dich als Nächstes für den Kreis **Steuerung**.

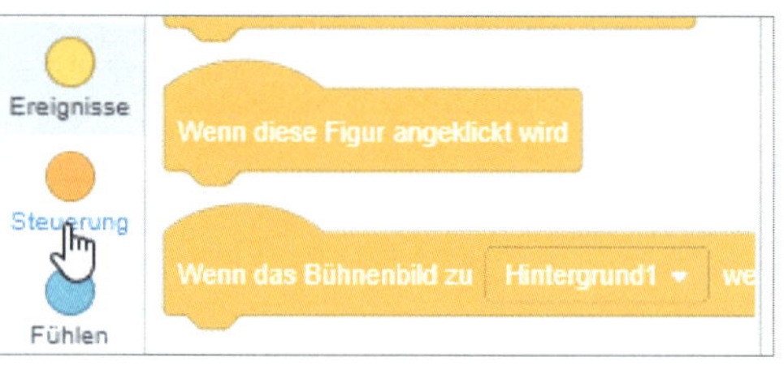

3. Klicke auf den Block **wiederhole fortlaufend**, und hefte ihn unten an den Block **Wenn 🏁 angeklickt wird** an. Diesen sehr wichtigen Block brauchst du, damit ein Code nicht nur einmalig, sondern unendlich oft ausgeführt wird – bis du das Programm beendest.

4. Endlich folgt der Block für die bedingte Anweisung. Ziehe den Block **falls, dann – sonst** in den Block **wiederhole fortlaufend** hinein.

5. Füge weitere Blöcke **falls, dann – sonst** ein, und zwar jeweils in die **sonst**-Lücke. In die letzte Lücke ziehst du einen Block **falls, dann**. Du brauchst so viele **falls**-Lücken, wie du Lieder hast. Nimm dir für diesen Schritt etwas Zeit, denn er ist ziemlich anspruchsvoll! Die Abbildung zeigt dir, wie das Ganze für fünf Lieder aussieht.

Das sind die „falls, dann – sonst"-Blöcke.

Zum Abschluss verwendest du einen „falls, dann"-Block.

Das bedeuten die Wörter in den Blöcken für bedingte Anweisungen: Das Wort „falls" gibt die Bedingung an, zum Beispiel „Falls Taste 1 gedrückt wird". Das Wort „dann" gibt die Aktion an, wenn die Bedingung erfüllt ist, zum Beispiel „Dann spiele Musik". Das Wort „sonst" gibt an, was geschehen soll, wenn die Bedingung nicht erfüllt ist. In unserem Programm geht es in diesem Fall mit der nächsten bedingten Anweisung weiter.

Was bedeutet verschachteln?

Werden mehrere Befehle ineinander gestellt, nennt man das auch verschachteln. In Scratch wird das so dargestellt, dass die verschachtelten Blöcke im Programm immer weiter nach rechts wandern.

Jetzt folgen die bedingten Anweisungen

Nun wird das Gerüst mit den bedingten Anweisungen aufgefüllt. Das bedeutet: Du brauchst Bedingungen („falls"), Aktionen („dann") und Alternativen („sonst"). Hört sich schwieriger an, als es ist!

1. Klicke in der Leiste links auf den türkisfarbenen Kreis **Fühlen**. Klicke auf den Block **Taste Leertaste gedrückt?**, und ziehe ihn bei gedrückter linker Maustaste in das leere Feld neben dem ersten **falls**. Ziehe den Block dann auch noch in die anderen leeren Felder neben den **falls**-Befehlen.

2. Lege die Tasten fest, die später gedrückt werden sollen, um die verschiedenen Lieder wiederzugeben, zum Beispiel die Tasten 1, 2, 3, 4 und 5.

Klicke hier, um das Menü zu öffnen.

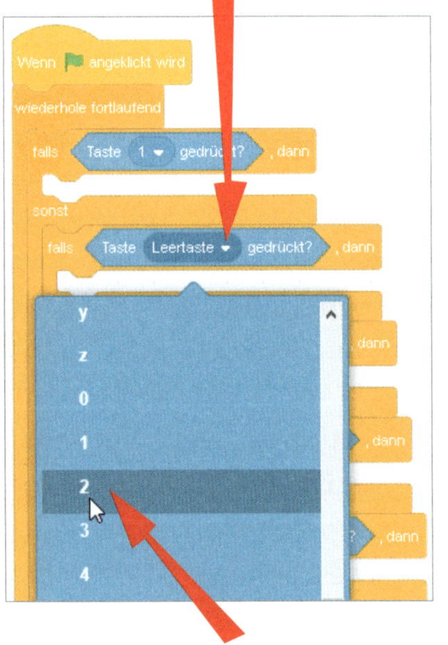

Wähle die gewünschte Taste mit einem Mausklick aus.

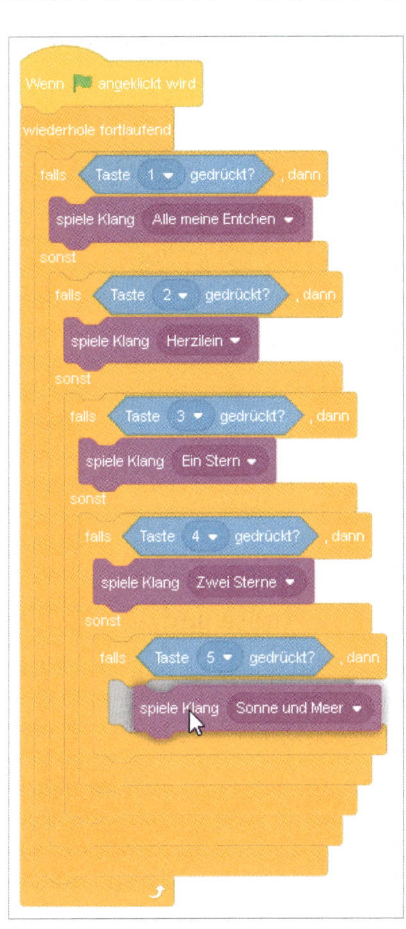

3. Ziehe nun bei gedrückter Maustaste die vorbereiteten **spiele-Klang**-Blöcke in die **falls**-Lücken.

4. Ergänze unterhalb jedes **spiele-Klang**-Blocks ein passendes Bühnenbild. Die Bühnenbilder hast du ja ebenfalls schon vorbereitet.

Wenn angeklickt wird
wiederhole fortlaufend
falls Taste 1 gedrückt? , dann
spiele Klang Alle meine Entchen
wechsle zu Bühnenbild Spotlight
sonst

Zum Starten des Programms klickst du auf das Symbol . Um ein Musikstück in deiner Musikbox anzuhören, drücke die zugehörige Taste. Vergleiche das Programm mit dem Geräusche-Automaten aus Kapitel 6! Erkennst du die Unterschiede?

Achtung! Klänge können sich vermischen

Bei dem gezeigten Programm können sich Klänge vermischen. Drückst du die Taste 1 und kurz darauf die Taste 2, werden zwei Klänge gleichzeitig gespielt. Möchtest du das nicht, füge zusätzlich den Block **stoppe alle Klänge** ein – er soll nach einem Tastendruck als erster ausgeführt werden, bevor dann das nächste Lied startet. Soll ein Klang jeweils vollständig abgespielt werden, wähle statt des Blocks **spiele Klang** den Block **spiele Klang ... ganz**. Dann wird der nächste Code des Programms erst ausgeführt, wenn das Lied beendet ist.

Lass die Katze zur Musik tanzen

Außer dass Musik gespielt wird, soll die Katze auch noch tanzen, aber nur solange die Leertaste gedrückt gehalten wird. Auch das lässt sich mit einer bedingten Anweisung programmieren, und zwar so:

1. Beginne den Programmteil für den Tanz der Katze mit dem Block **Wenn Taste Leertaste gedrückt wird**.

2. Ergänze einen Block **wiederhole fortlaufend** sowie einen Block **falls, dann**. Du kennst diese Blöcke schon aus dem Musikbox-Programmteil. Das sieht wieder ganz schön schwierig aus, nicht wahr? Puzzle zusammen, was du im Buch siehst!

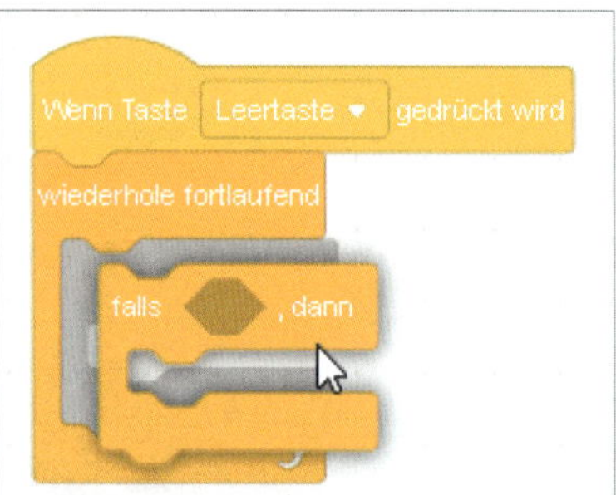

3. Als Bedingung brauchst du erneut den Block **Taste Leertaste gedrückt?**, den du im Kreis **Fühlen** findest. Ziehe ihn bei gedrückter Maustaste in das leere Feld neben dem **falls**-Befehl.

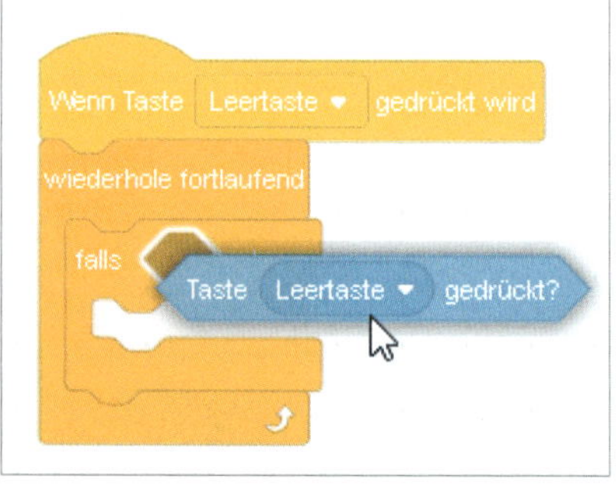

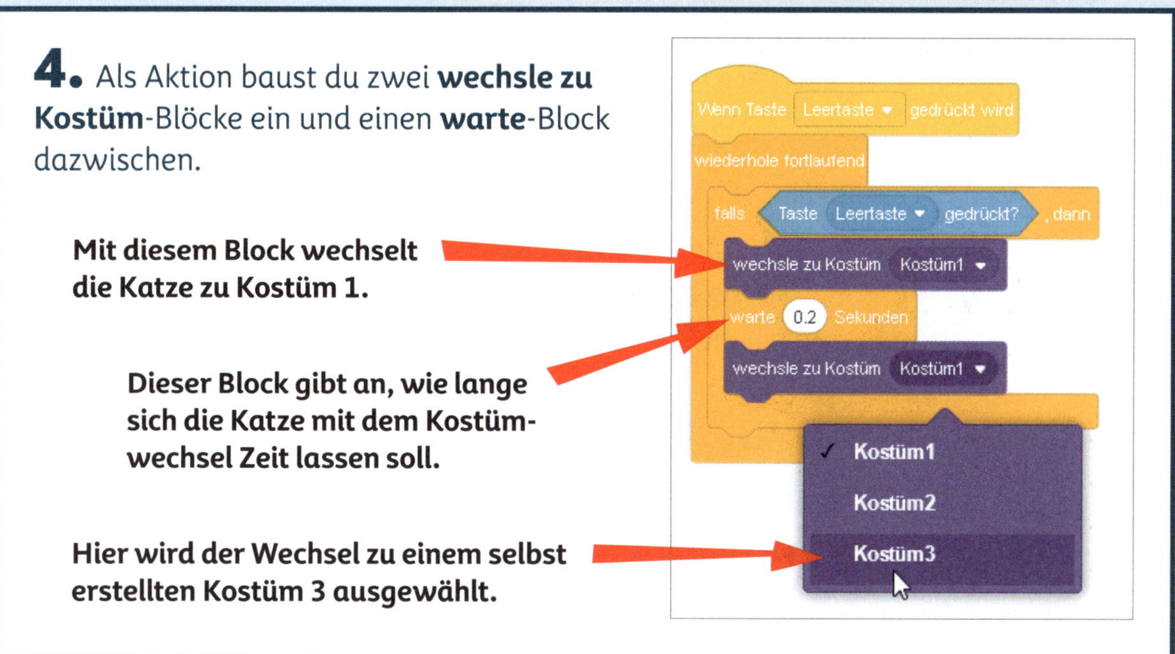

4. Als Aktion baust du zwei **wechsle zu Kostüm**-Blöcke ein und einen **warte**-Block dazwischen.

Schaffe ein Kostüm, das die Katze beim Tanzen zeigt! Dazu kannst du Kopf, Arme, Beine und Schwanz der Katze verschieben. Wie du zum Bearbeiten von Kostümen vorgehst, hast du bereits in Kapitel 4 erfahren.

5. Drücke die Leertaste, und schon beginnt die Katze zu tanzen. Lass die Leertaste los, damit die Katze mit dem Tanzen aufhört.

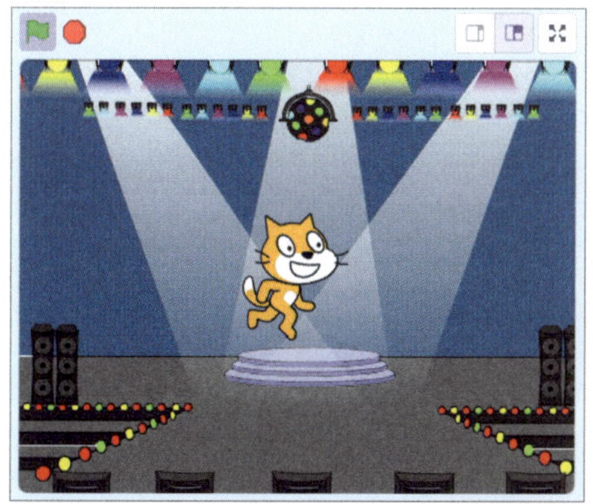

Punkt statt Komma

Wenn du dir die Abbildung zu Schritt 4 näher anschaust, stellst du fest, dass in dem **warte**-Block als Zahl 0.2 eingetragen ist. Hierzulande würde man das eigentlich so schreiben: 0,2 (Nullkommazwei). Aber in den USA, wo Scratch entwickelt wurde, wird statt des Kommas ein Punkt verwendet.

1

9 Ein Klick-Spiel programmieren

Fühlst du dich bereit, dein erstes richtiges Spiel zu programmieren? Dann lege los! In unserem Spiel soll sich eine Figur über den Bildschirm bewegen. Du sollst versuchen, sie anzuklicken. Jedes Mal, wenn dir das gelingt, gibt es einen Punkt. Dabei kommen die Variablen ins Spiel. Eine Variable kann wie ein Gefäß ganz unterschiedliche Inhalte aufnehmen. Man braucht sie zum Beispiel, wenn das Programm sich einen Namen oder einen Punktestand merken soll.

Bestimme Bühnenbild und Zielfigur

Auf welche Figur willst du beim Spielen klicken? Und wie soll die Bühne aussehen? Wähle ein Bühnenbild und eine Figur ganz nach deinem Geschmack aus! So gehst du vor:

1. Klicke im Bereich **Bühne** auf das Fotosymbol.

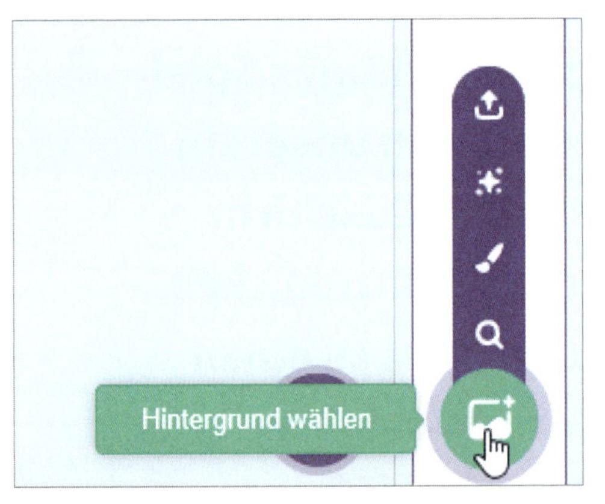

2. Wähle ein Bühnenbild aus, das dir zusagt. Die Figur kann später an jede Stelle des Bühnenbilds fliegen. Das solltest du bei deiner Auswahl berücksichtigen.

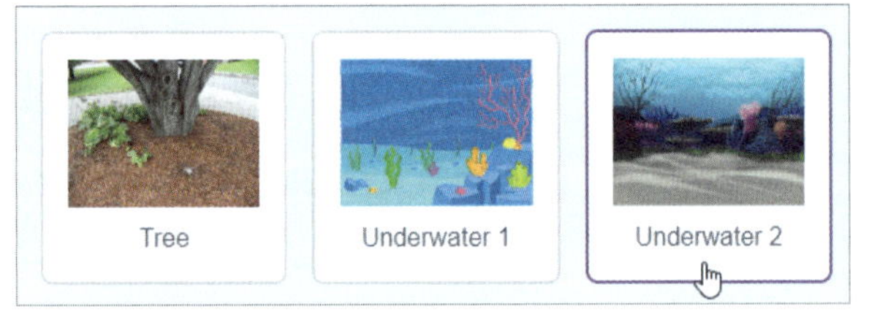

3. Dann klicke im Bereich **Figur** auf das Katzensymbol.

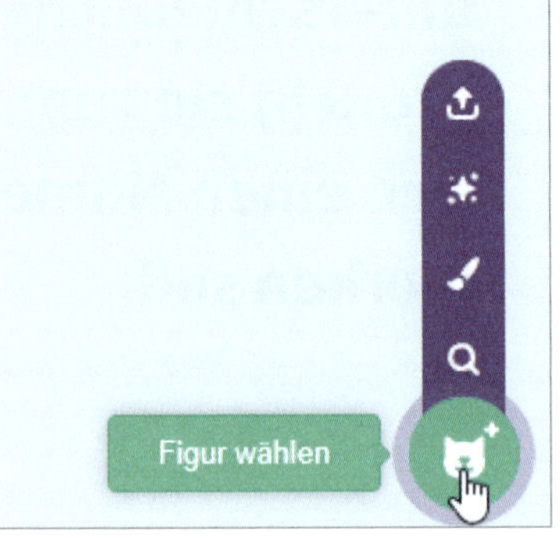

4. Entscheide dich für eine Figur, die du in deinem Spiel verwenden möchtest, etwa einen Ball oder – wie hier – einen Fisch. Andere Figuren löschst oder versteckst du.

5. Und so sieht das Ganze dann im Anzeigebereich aus.

Du kannst das Programm später noch ausbauen und das Bühnenbild nach jedem Mausklick wechseln lassen. Wenn du magst, kannst du das an dieser Stelle schon durch die Auswahl weiterer Bühnenbilder vorbereiten.

Die Figur sollte nicht zu groß sein!

Achte darauf, dass die Figur im Anzeigebereich nicht zu groß erscheint! Sonst wird das Klick-Spiel zu einfach. Die Größe der Figur kannst du, wie du bereits in Kapitel 5 erfahren hast, im Feld **Größe** im Bereich **Figur** festlegen.

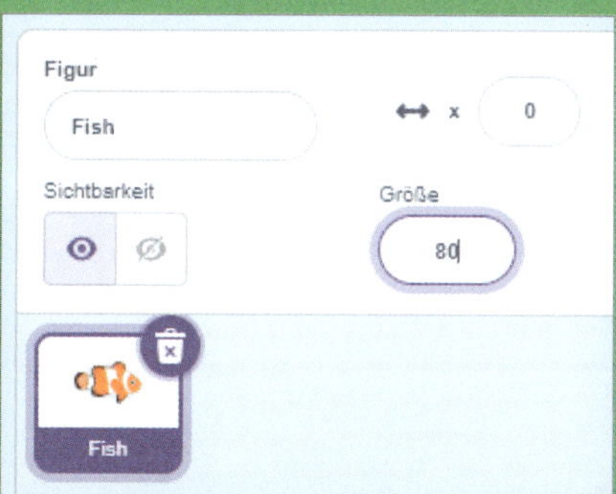

Frag nach dem Namen

Damit der Spieler mit seinem Namen angesprochen werden kann, wird zu Beginn des Spiels nach dem Namen gefragt. Dazu bastelst du den folgenden Programmteil zusammen:

1. Beginne das Programm mit den Blöcken **Wenn 🏴 angeklickt wird** und **gehe zu**. Stelle die beiden Werte im Block **gehe zu** jeweils auf **0**. So wird die Figur zu Beginn des Spiels in die Mitte gesetzt.

Diesen Block findest du unter „Ereignisse".

Diesen Block findest du unter „Bewegung".

2. Klicke auf den Kreis **Fühlen**, und hefte den Block **frage Wie heißt du? und warte** unten an das Programm an.

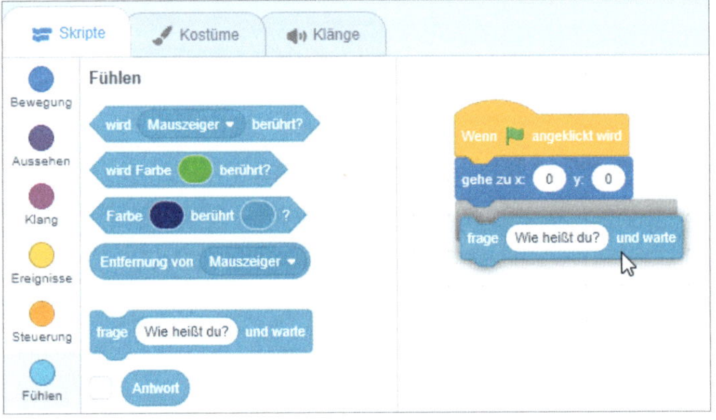

3. Als Nächstes brauchst du noch vier Blöcke **sage Hallo! für 2 Sekunden**. Diese findest du unter **Aussehen**.

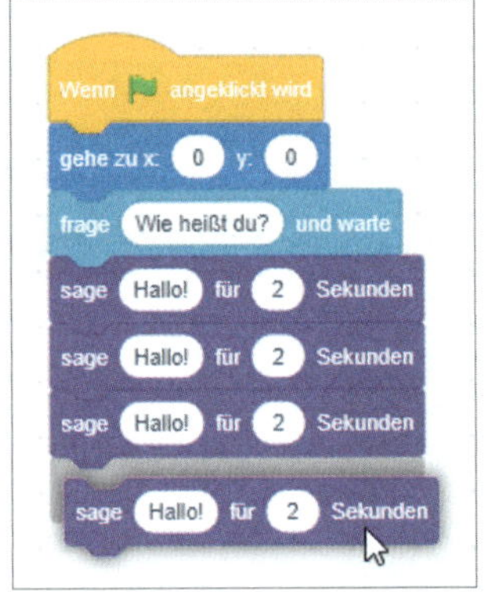

4. Gib in die **sage**-Blöcke die Texte ein, die du in der Abbildung siehst. Beim zweiten **sage**-Block ziehst du das Element **Antwort** aus dem Kreis **Fühlen** in das Feld. Mit **Antwort** ist der abgefragte Name gemeint.

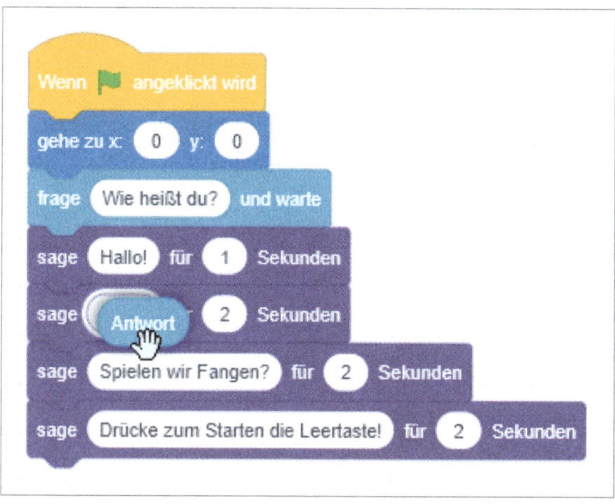

5. Klicke auf das Fahnensymbol, um das bisherige Programm zu starten. Du wirst prompt nach deinem Namen gefragt und kannst diesen in ein Feld eintippen.

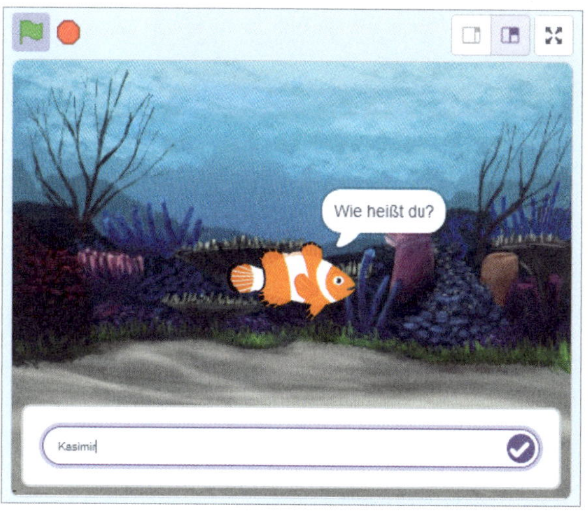

Was bedeutet das Wort Variable?

Das Wort Variable stammt ursprünglich aus der lateinischen Sprache. Es steht für etwas, das verändert werden kann, zum Beispiel ein Punktestand. Das Gegenteil der Variablen ist die Konstante – die Konstante hat stets denselben Wert, lässt sich also nicht verändern.

Auch wenn der von dir eingegebene Name auf der Scratch-Seite nicht so genannt wird: Es handelt sich um eine Variable. Die Variable „Name“ kann viele verschiedene Namen annehmen: Pepita Pasewalk, Frodo Fröhlich, deinen Namen, ...

Die Figur wechselt automatisch die Position

Sobald du die Leertaste drückst, soll sich die Figur zufällig auf dem Bildschirm bewegen. Mithilfe einer Schleife, wie du sie in Kapitel 7 kennengelernt hast, lässt sich das recht einfach programmieren.

1. Beginne den zweiten Programmteil mit dem Block **Wenn Taste Leertaste gedrückt wird**. Du findest ihn unter **Ereignisse**.

Wenn angeklickt wird
gehe zu x: 0 y: -0
frage Wie heißt du? und warte
sage Hallo für 1 Sekunden
sage Antwort für 2 Sekunden
sage Spielen wir Fangen? für 2 Sekunden
sage Drücke zum Starten die Leertaste! für 2 Sekunden

Wenn Taste Leertaste gedrückt wird

2. Hefte an den Block **Wenn Taste Leertaste gedrückt wird** den Block **wiederhole 10-mal** aus dem Kreis **Steuerung** an. Das ist die Schleife.

3. Ziehe den Block **gehe zu Zufallsposition** aus dem Kreis **Bewegung** in die Schleife.

Wenn Taste Leertaste gedrückt wird
wiederhole 10 mal
gehe zu Zufallsposition

4. Füge in die Schleife als weiteren Block **warte 1 Sekunden** aus dem Kreis **Steuerung** ein.

5. Drückst du nun die **Leertaste**, so bewegt sich die Figur zehn Mal in eine Zufallsposition.

Du kannst den Schwierigkeitsgrad erhöhen, indem du in Schritt 4 eine kürzere Wartedauer festlegst, zum Beispiel 0.5 statt 1. Oder möchtest du, dass das Spiel länger geht? Dann wähle in der Schleife eine höhere Anzahl an Wiederholungen!

Scratch merkt sich Variablen

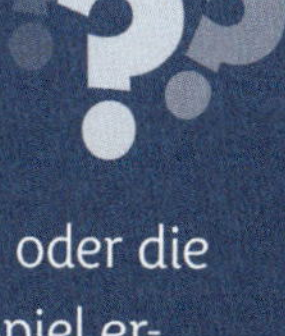

Egal, ob deinen Namen oder die Punkte, die du in dem Spiel erreichst: Scratch merkt sich die Variablen. Du kannst also zum Beispiel einen Namen in der Begrüßung einsetzen, aber auch in der Verabschiedung.

Jeder Klick auf die Figur wird gezählt

Jedes Mal, wenn du die Figur anklickst, soll ein Punkt gezählt werden. Um das zu programmieren, erstellst du eine passende Variable. Die folgende Anleitung erklärt dir, was du zu tun hast.

1. Den dritten Programmteil deines Programms beginnst du mit dem Block **Wenn diese Figur angeklickt wird** aus dem Kreis **Ereignisse**.

2. Wähle aus dem Kreis **Variablen** den Block **ändere meine Variable um 1**, und hefte ihn unten an den Block **Wenn diese Figur angeklickt wird** an.

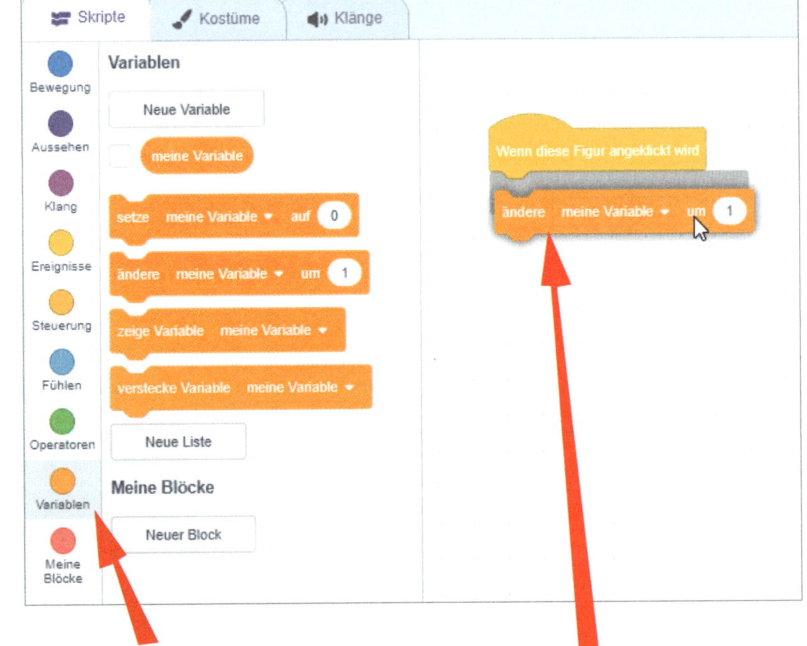

Wähle den Kreis „Variablen“.

Hefte diesen Block an den zuvor erstellten Block an.

3. Um der Variablen einen sinnvollen Namen zu geben, klicke den bisherigen Namen im Block **ändere meine Variable um 1** an. Im Menü wählst du dann **Benenne die Variable um**.

Klicke hier, um das Menü zu öffnen.

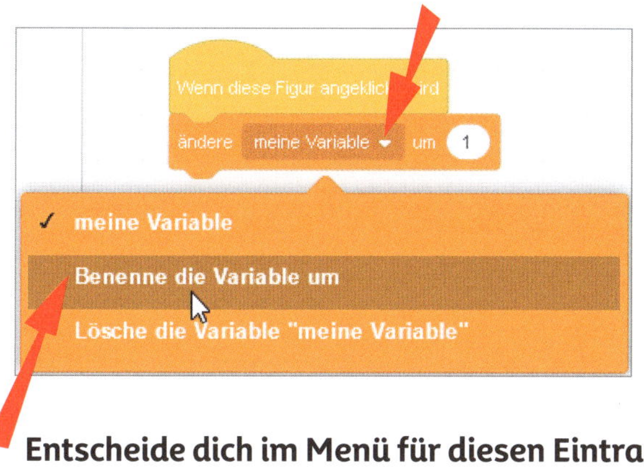

Entscheide dich im Menü für diesen Eintrag.

4. Gib als Namen für die Variable **Punkte** in das Feld ein. Bestätige mit einem Mausklick auf **OK**.

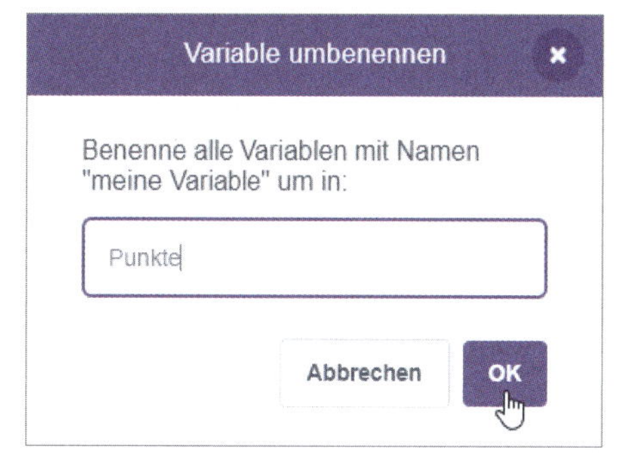

5. Hefte nun noch den Block **zeige Variable Punkte** unten an den Programmteil an.

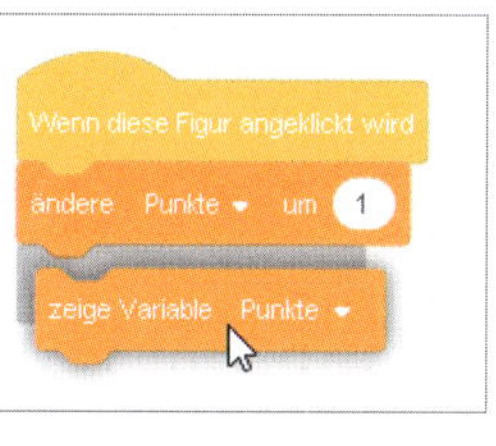

Der Programmbereich lässt sich verschieben

Bei Programmen, die aus mehreren Programmteilen bestehen, wird der Platz im Programmbereich manchmal knapp. Klicke dann einfach auf eine freie Fläche im Programmbereich, und halte die linke Maustaste gedrückt. Nun kannst du den Programmbereich mit der Maus so verschieben, wie es für dich am besten passt.

Benötigst du in einem zukünftigen Programm mehr Variablen, kannst du diese in der Leiste links unter Variablen erstellen. Klicke dort auf Neue Variable. Statt die Variable meine Variable umzubenennen, hättest du auf diese Weise eine neue Variable Punkte erstellen können.

Ein witziges Geräusch bei jedem Klick

Zoing, krach, bumm! Wenn du die Figur anklickst, soll nicht nur ein Punkt gezählt werden. Es soll auch ein witziges Geräusch erklingen. Dazu ist nur eine kleine Erweiterung des dritten Programmteils erforderlich. Doch Schritt für Schritt:

1. Klicke oberhalb der Liste mit den Blöcken auf den Tab **Klänge**.

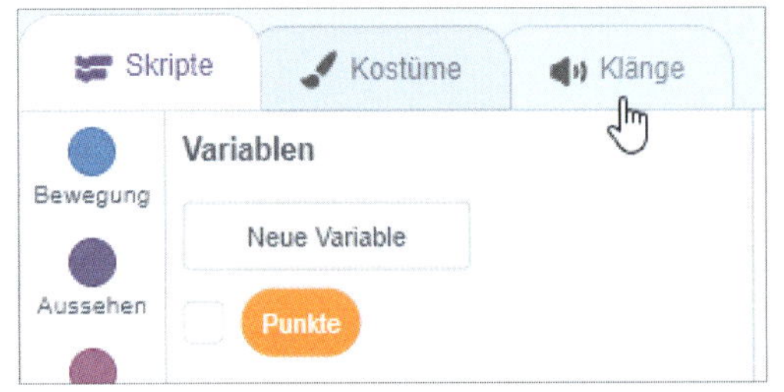

2. Klicke unten im Bereich **Klänge** auf das Lautsprechersymbol.

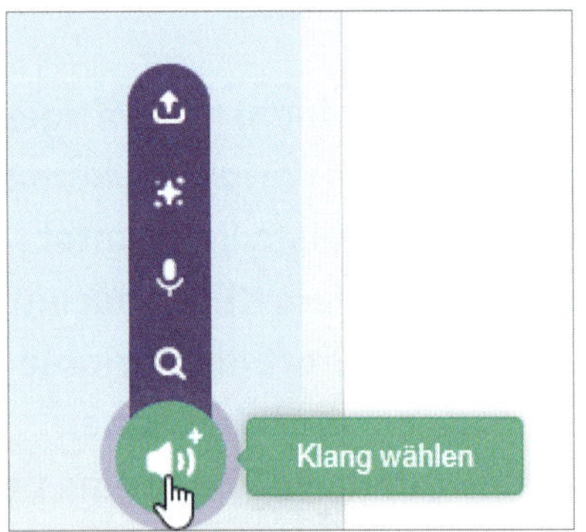

3. Bewege den Mauszeiger auf einen Klang, um ihn dir anzuhören. Gefällt dir der Klang, klicke ihn an, um ihn zu übernehmen.

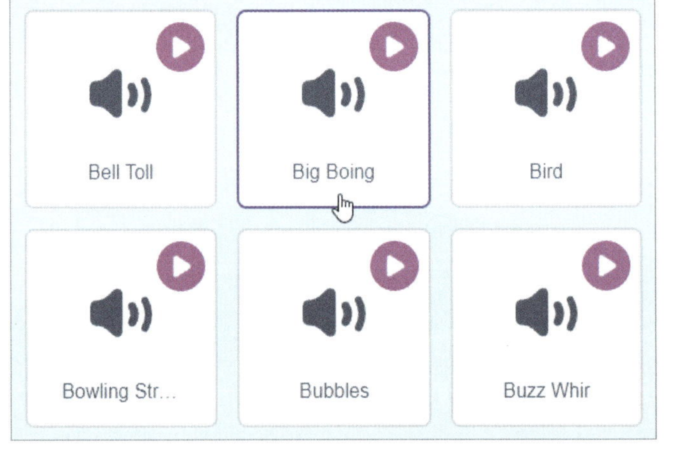

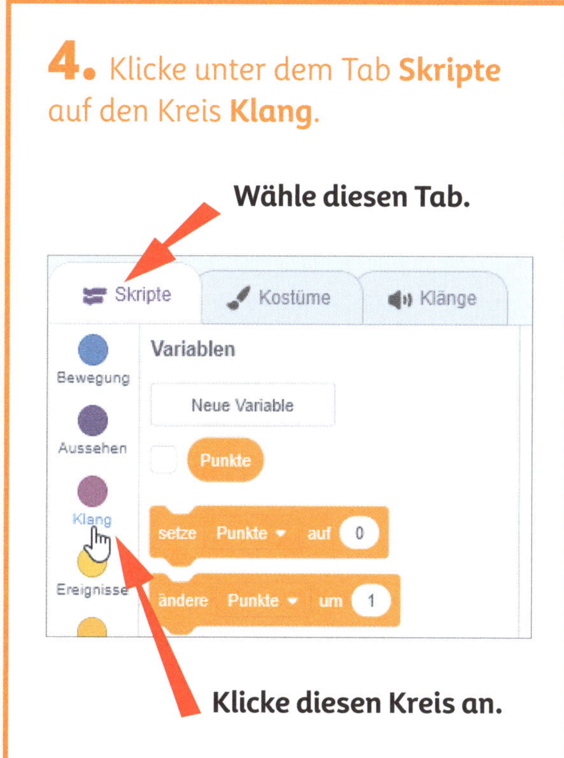

4. Klicke unter dem Tab **Skripte** auf den Kreis **Klang**.

5. Hefte den Block **spiele Klang** unten an den Block **Wenn diese Figur angeklickt wird** an.

Stehen für eine Figur bereits andere Klänge zur Verfügung, wähle den gewünschten Klang im Menü des Blocks spiele Klang aus. In Kapitel 6 hast du ja bereits ausführlich erfahren, wie du mit Klängen umgehst.

Einen kurzen Klang wählen

Denke daran, dass sich die Figur jede Sekunde an eine andere Stelle bewegt. Der Klang bei einem Mausklick auf die Figur sollte also nur sehr kurz sein.

Das Spielergebnis wird genannt

Dein Programm ist fast fertig! Es fehlen nur noch ein paar Einstellungen dazu, was am Ende des Spiels passieren soll. Die entsprechenden Befehle heftest du noch an den zweiten Programmteil an.

1. Nimm noch einmal den Programmteil zur Hand, der mit dem Block **Wenn Taste Leertaste gedrückt wird** beginnt. Ans Ende der Schleife hängst du die Befehle an, die nach dem Durchführen der Schleife ausgeführt werden sollen. Beginne mit dem Block **gehe zu**. Stelle beide Werte auf **0**, um die Figur zurück in die Mitte zu setzen.

2. Hefte vier Blöcke **sage Hallo! für 2 Sekunden** unten an.

3. Passe die Blöcke so an, wie es in der Abbildung zu sehen ist.

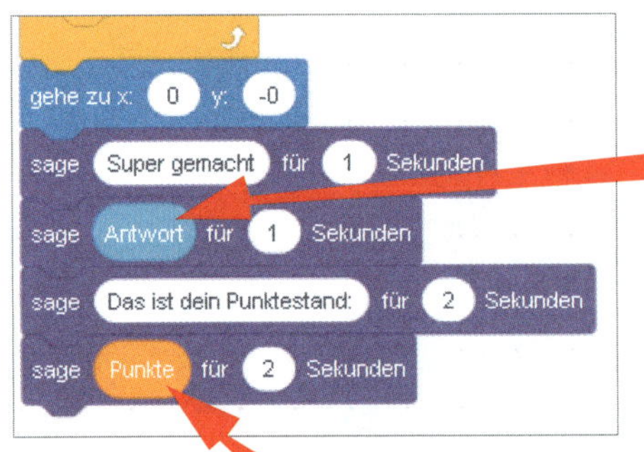

Mit diesem Element wird wieder der Spielername ausgegeben; du kennst es bereits vom ersten Programmteil.

Dieses Element gibt die erreichte Punktzahl aus. Du findest es im Kreis „Variablen".

4. Beende die Programmierarbeit, indem du einen Block **setze Punkte auf 0** unten anheftest. Damit stellst du den Punktezähler zurück, und du kannst das nächste Spiel starten.

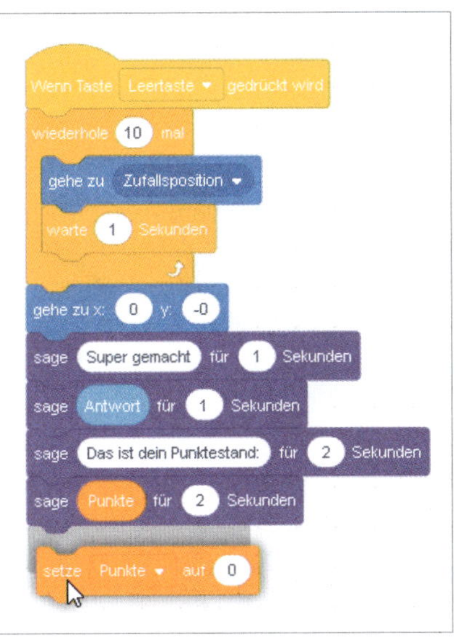

Wer schafft am meisten Punkte?

Präsentiere dein Programm deinen Eltern oder deinen Freundinnen und Freunden. Du kannst auch einen kleinen Wettbewerb veranstalten: Wer schafft am meisten Punkte?

5. Die letzte Abbildung zeigt dir noch mal das fertige Programm. Nun viel Spaß beim Spielen! Verwende zum Spielen am besten den Vollbildmodus (du erinnerst dich: Mausklick auf das Symbol ⛶)!

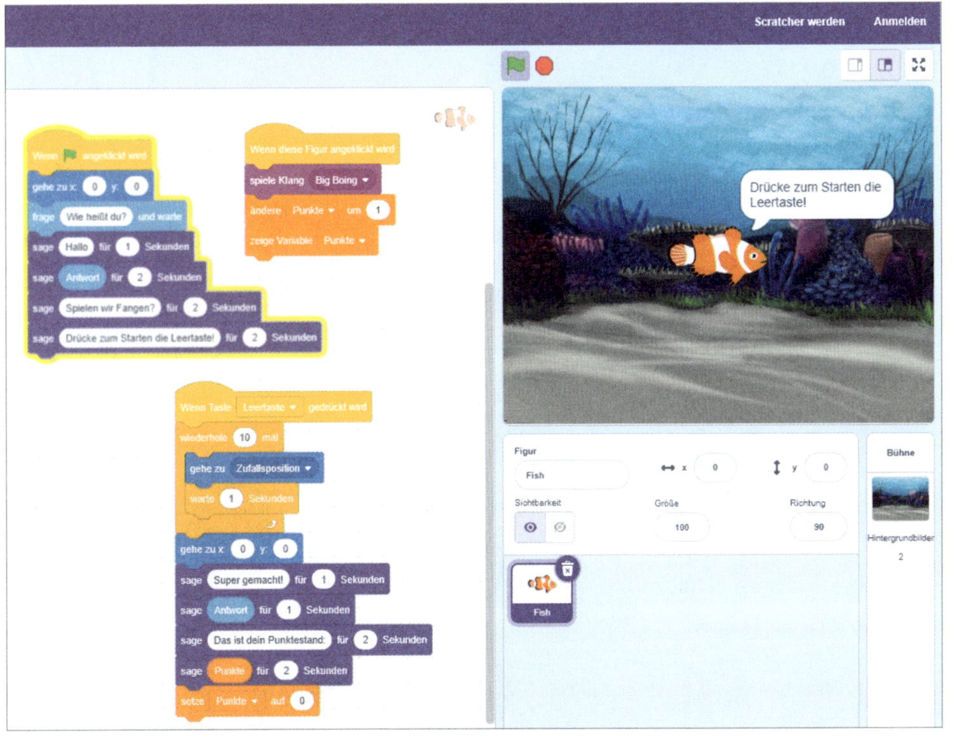

a
√2,36

10 Einen cleveren Rechen-Trainer programmieren

Hast du Spaß an Mathe? Dann wirst du auch das Rechenprogramm lieben, das du mit den Anleitungen in diesem Kapitel programmieren wirst. Dabei setzt du zum ersten Mal Operatoren ein. Mit Operatoren werden Werte verknüpft oder verglichen. Der wohl bekannteste Operator ist das +. Das + verwendest du, um die Summe aus mehreren Zahlen zu bilden. Mit einem Rechenprogramm kannst du das Kopfrechnen trainieren! Und falls du selbst Mathe nicht so gerne magst: Teste deine Familie und deine Freunde!

Lass den Computer Zufallszahlen erzeugen

In unserem Rechenprogramm soll mit zufälligen Zahlen gerechnet werden. Denn wenn du schon im Voraus wüsstest, welche Zahlen drankommen, wäre es ziemlich öde. Die Zufallszahlen werden mit Variablen erzeugt, wie du sie ja schon in Kapitel 9 kennengelernt hast. Nun brauchst du gleich drei davon!

1. Wähle ein Bühnenbild und eine Figur aus. Die Figur sollte möglichst schlau aussehen, denn sie stellt dir die Rechenaufgaben. Beginne dein Programm mit dem Block **Wenn 🏴 angeklickt wird** sowie der Schleife **wiederhole fortlaufend**.

2. Um die benötigten drei Variablen zu erstellen, klicke auf den Kreis **Variablen**. Dann klicke auf **Neue Variable**.

Klicke auf den Kreis „Variablen“.

Klicke auf „Neue Variable.“

3. Gib der neuen Variablen den Namen „Zahl 1“, und bestätige mit **OK**. Wiederhole die Schritte 2 und 3, um Variablen mit den Namen „Zahl 2“ und „Lösung“ zu erstellen.

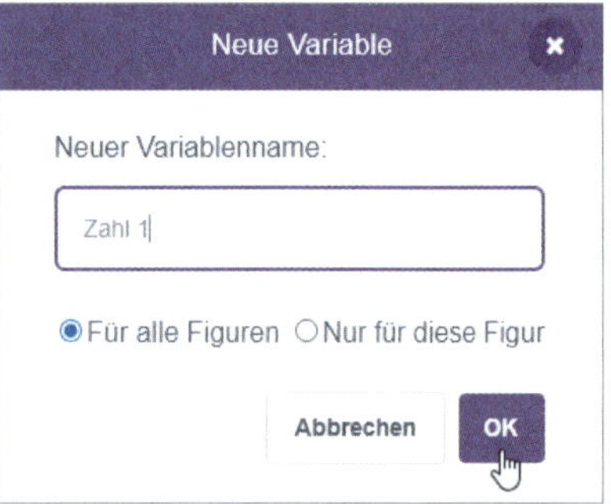

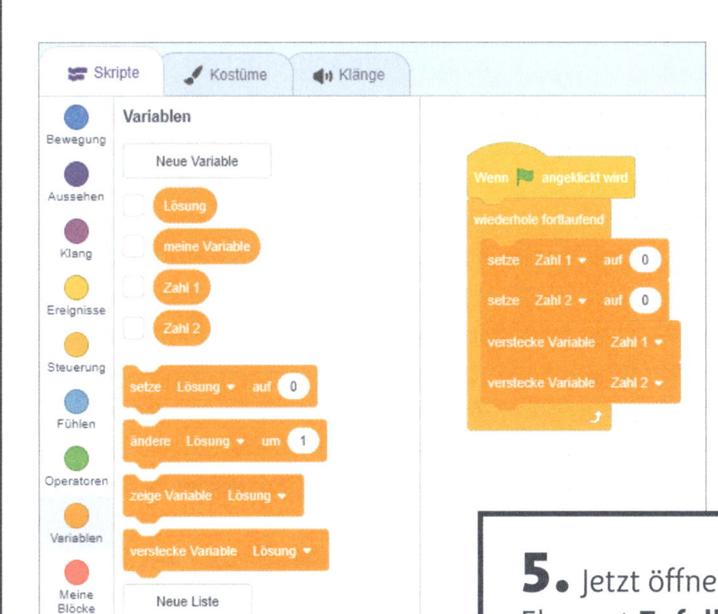

4. Puh, ganz schön viel zu tun! Nachdem du die drei Variablen erstellt hast, ziehst du zweimal den Block **setze Lösung auf 0** und zweimal den Block **zeige Variable Lösung** in die Schleife im Programmbereich. In den Menüs wählst du dann jeweils die Variablen **Zahl 1** und **Zahl 2** aus – so, wie es in der Abbildung zu sehen ist.

5. Jetzt öffne den grünen Kreis **Operatoren**. Ziehe das Element **Zufallszahl von 1 bis 10** jeweils in die Felder der **setze Zahl**-Blöcke. Folge der Abbildung!

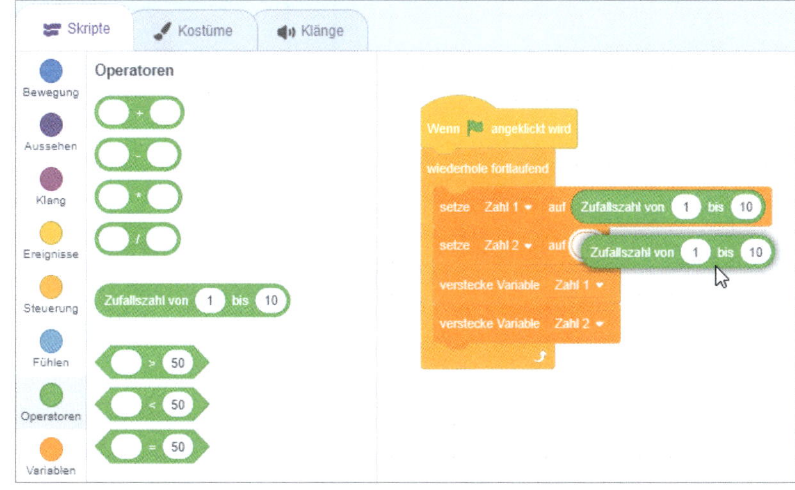

Mit größeren Zahlen rechnen

Im hier vorgestellten Rechenprogramm wird nur mit Zahlen von 1 bis 10 gerechnet. Möchtest du mit größeren Zahlen rechnen, schreibe einfach größere Zahlen in die grünen Zufallszahl-Elemente.

Zwei Zahlen sollen zusammengezählt werden

Es wurden zwei Zufallszahlen erzeugt. Nun schreibst du den Code, mit dem die Rechenaufgabe gestellt wird: Die beiden Zahlen sollen zusammengezählt werden.

1. Hefte zwei Blöcke **sage Hallo! für 2 Sekunden** unten in der Schleife an.

2. Schreibe in den ersten der beiden lilafarbenen Blöcke den Text „Was ergibt". Soweit, so einfach!

3. Gehe nun zum Kreis **Operatoren**. Ziehe von dort das grüne Element **verbinde Apfel und Banane** in das Textfeld des zweiten **sage**-Blocks.

Du hast den Kreis „Operatoren" ausgewählt.

Dieses Element benötigst du.

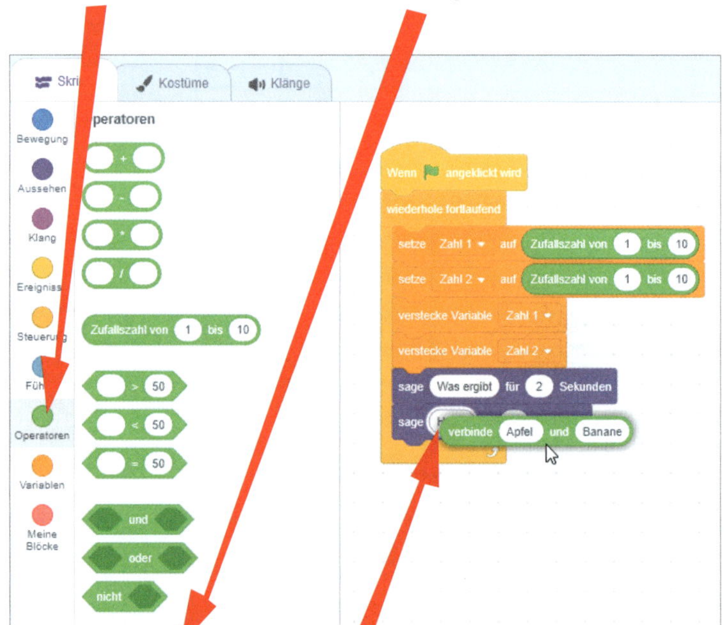

Das grüne Element wird bei gedrückter linker Maustaste in dieses Feld gezogen.

4. Das Element **verbinde Apfel und Banane** benötigst du ein weiteres Mal. Ziehe es in das erste Textfeld des bereits eingefügten Elements (dort, wo „Apfel" steht).

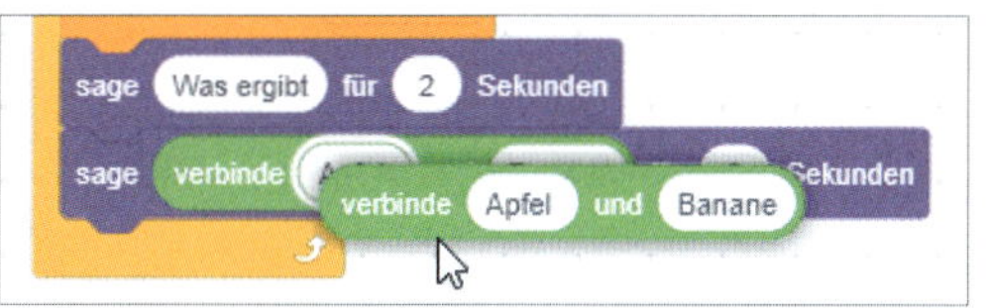

Mit Minus, Mal oder Geteilt durch rechnen

Natürlich kannst du auch ein Programm schreiben, in dem mit Minus, Mal oder Geteilt durch gerechnet werden kann. Dafür verwendest du die Operatoren – (für Minus), * (für Mal) und / (für Geteilt durch).

5. Öffne den Kreis **Variablen**. Ziehe die Variable **Zahl 1** in das erste Feld deiner **verbinde**-Elemente. In das zweite Feld schreibst du ein **+**-Zeichen. In das dritte Feld ziehst du die Variable **Zahl 2**. Du kannst das Programm zum Testen gerne schon einmal laufen lassen!

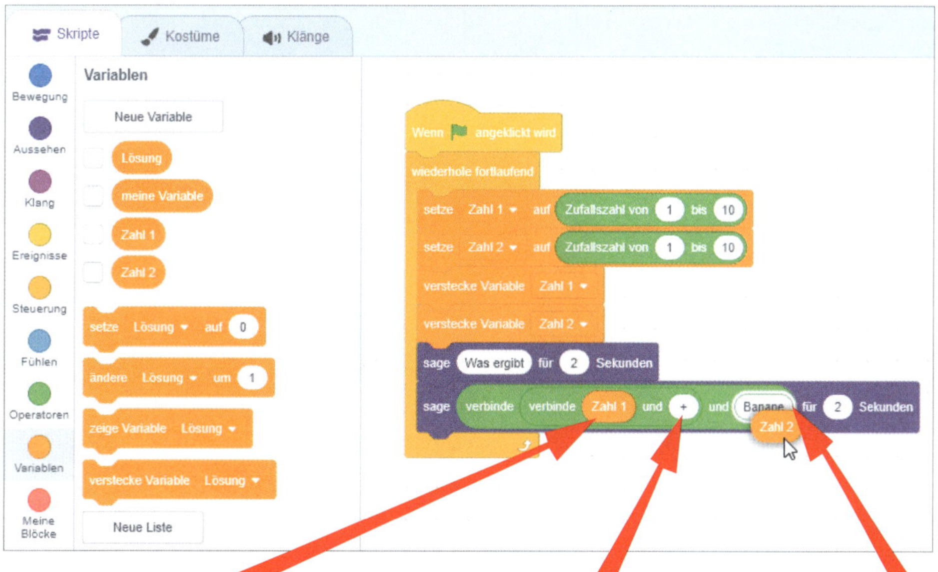

Die richtige Summe soll eingegeben werden

Mit dem nun folgenden Code fragst du nach der Lösung der Rechenaufgabe. Außerdem bestimmst du mithilfe von Variablen und Operatoren, was überhaupt die Lösung ist.

1. Ziehe aus dem Kreis **Fühlen** den Block **frage Wie heißt du? und warte** unten in die Schleife deines bisherigen Programms.

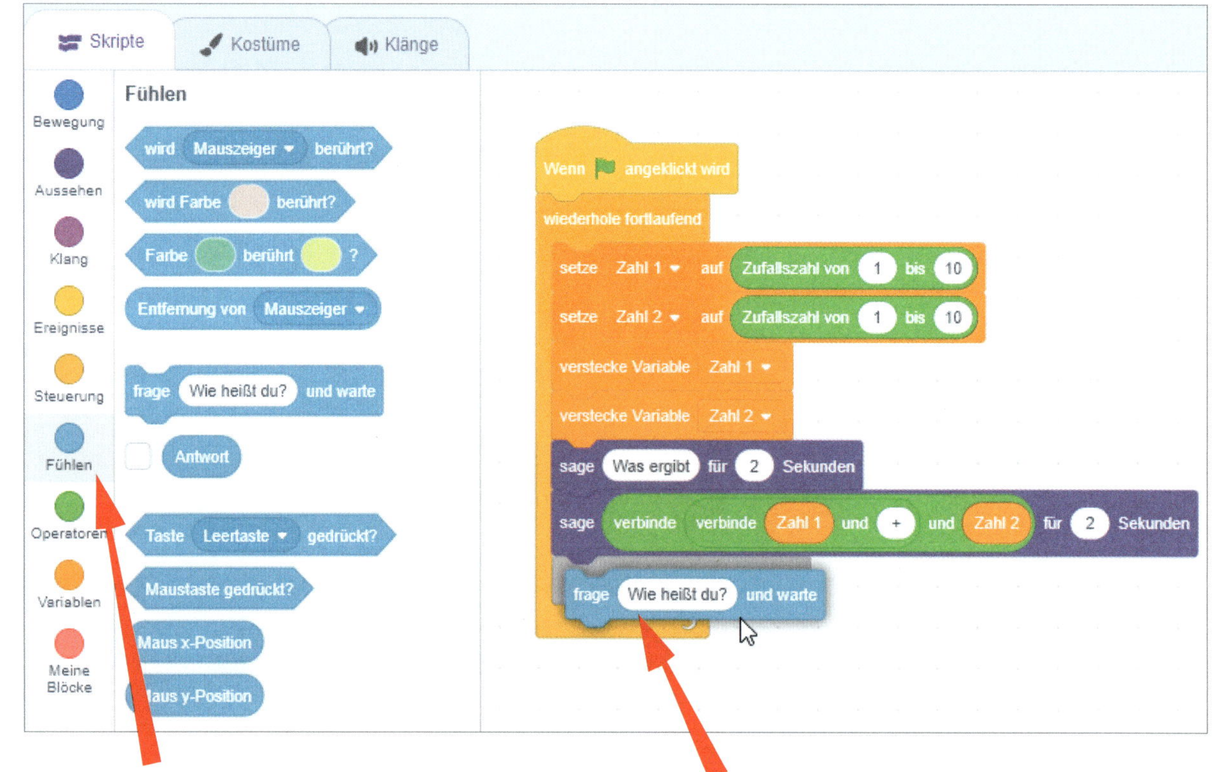

Wähle den Kreis „Fühlen“.

Ziehe diesen Block bei gedrückter linker Maustaste nach unten in die Schleife.

2. Schreib in den Block statt „Wie heißt du?“ den Text „Gib die Lösung ein!“. Es soll nämlich nach dem Rechenergebnis gefragt werden.

3. Ziehe aus dem Kreis **Variablen** die Blöcke **setze Lösung auf 0** und **verstecke Variable Lösung**. Hefte sie unten in der Schleife an.

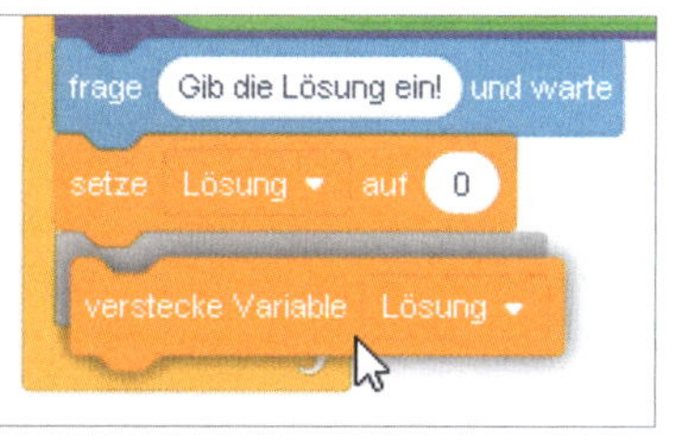

Variablen noch einfacher verstecken

Um eine Variable noch einfacher zu verstecken, entferne in der Leiste links unter **Variablen** das Häkchen bei der entsprechenden Variablen, hier also zum Beispiel bei der Variablen **Lösung**.

4. Wähle im Kreis **Operatoren** das oberste Element. Du siehst in dem Element zwei leere Felder und ein **+**-Zeichen dazwischen. Ziehe dieses Element bei gedrückter Maustaste in das Feld des Blocks **setze Lösung auf 0**.

Wähle das oberste Element im Kreis „Operatoren".

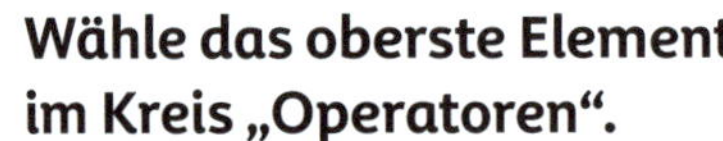

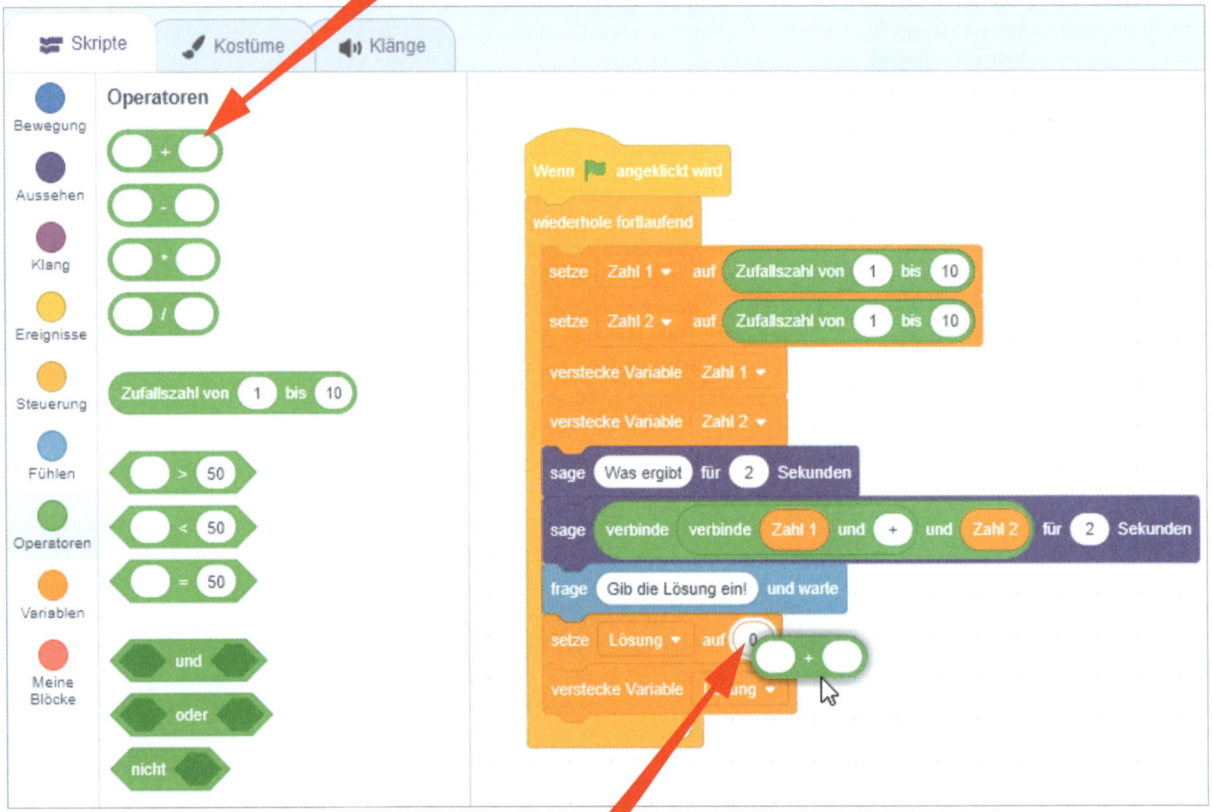

Ziehe das grüne Element bei gedrückter linker Maustaste in dieses Feld.

5. Du ahnst es sicher bereits: In die beiden leeren Felder des grünen Elements ziehst du aus dem Kreis **Variablen** die beiden Variablen „Zahl 1“ und „Zahl 2“. Denn das sind die beiden Zahlen, die zusammengezählt werden sollen.

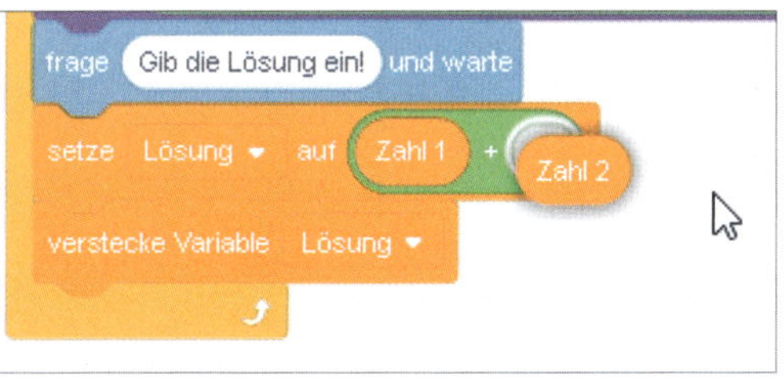

Wie könntest du drei Zahlen zusammenzählen lassen? Dazu müsstest du nur ein weiteres +-Element in eines der beiden Felder des ersten +-Elements einfügen. So einfach funktioniert das Programmieren!

Die spinnen, die Felder!

Manchmal klappt es nicht sofort, ein Element in ein leeres Feld eines Blocks zu ziehen. Stattdessen wird das Element ausgetauscht oder irgendwo eingefügt. Passiert das, versuche es einfach erneut, bis du einen Treffer landest!

Stimmt das Ergebnis?

Als Nächstes erstellst du den Code, mit dem die eingetippte Antwort mit der Variablen Lösung verglichen wird. Auch dazu verwendest du unter anderem wieder ein Operator-Element.

1. Wähle aus dem Kreis **Steuerung** den Block **falls, dann – sonst**, und ziehe ihn unten in die Schleife deines Programms. Du erstellst damit eine bedingte Anweisung, wie du sie bereits aus Kapitel 8 kennst.

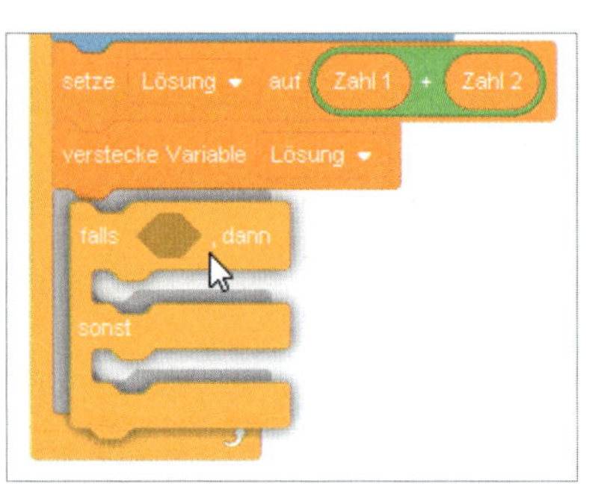

2. Klicke auf den Kreis **Operatoren**, und ziehe das grüne Element mit dem Gleichheitszeichen in die Lücke neben dem **falls**.

Entscheide dich ein weiteres Mal für den Kreis „Operatoren“.

Ziehe das grüne Element mit dem Gleichheitszeichen in die Lücke neben dem „falls“-Befehl.

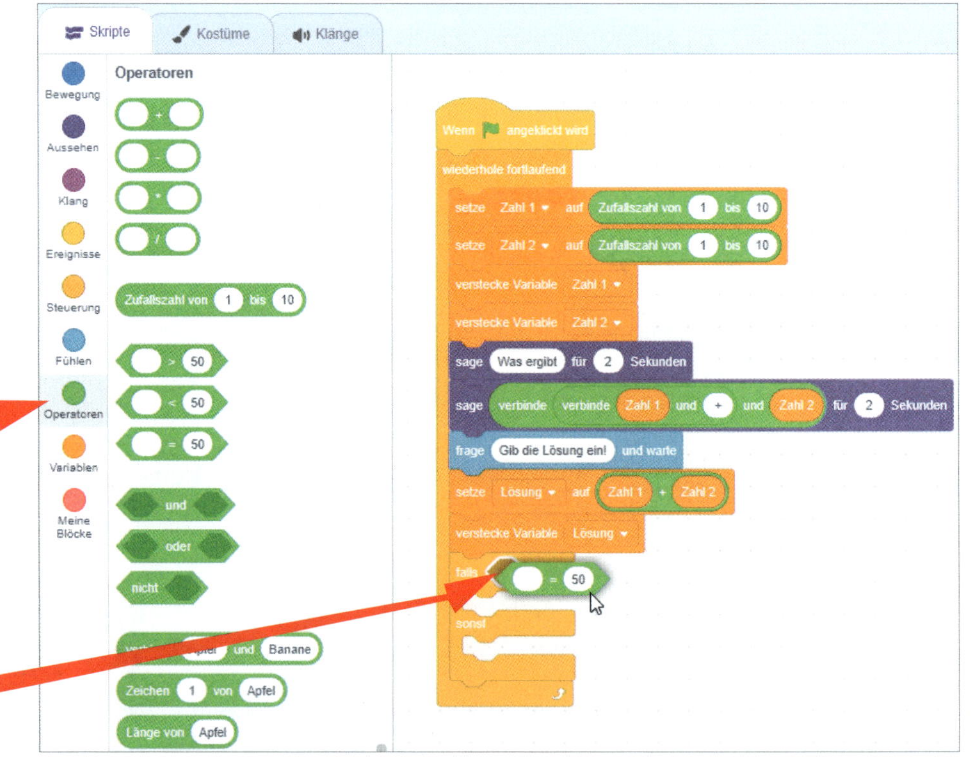

3. Ziehe aus dem Kreis **Fühlen** das Element **Antwort** in das Feld links neben dem Gleichheitszeichen.

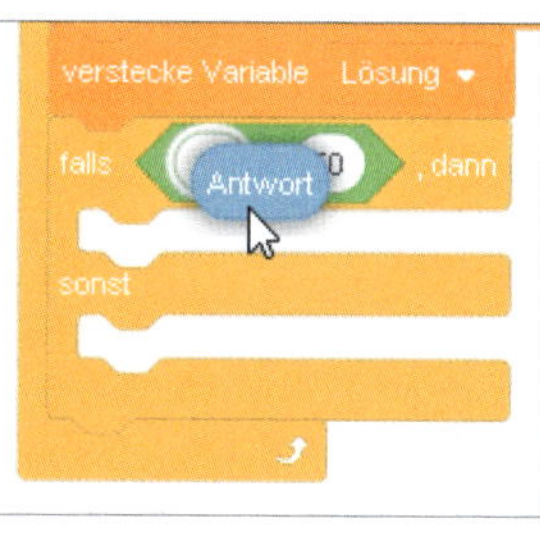

4. Aus dem Kreis **Variablen** wählst du die Variable **Lösung** und ziehst sie in das Feld rechts neben das Gleichheitszeichen.

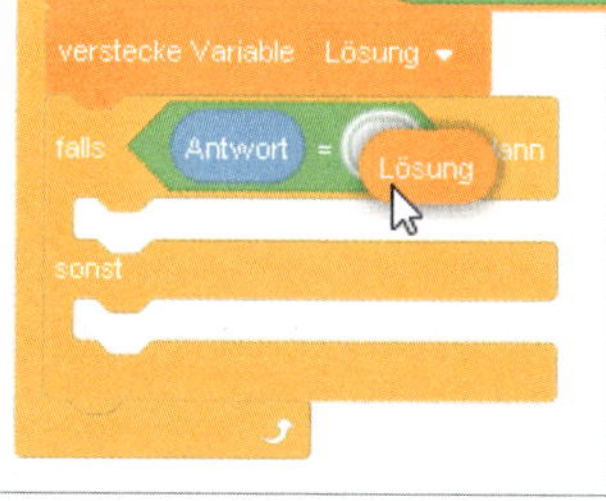

Scharf nachgedacht: Welche Veränderungen müsstest du an dem Programm vornehmen, um statt des Plusrechnens zum Beispiel das Minusrechnen zu üben? Tipp: Du müsstest dazu lediglich zwei grüne Elemente anpassen oder austauschen.

5. So sieht das bisherige, fast fertige Programm aus. Die beiden Lücken, die du siehst, wirst du gleich noch schließen.

Lass dich von den vielen Operatoren nicht verwirren!

Du findest in Scratch auch ziemlich merkwürdige Operatoren wie **>** oder **mod**. Lass dich davon nicht verwirren. Du machst dich mit den Operatoren nach und nach vertraut.

Der Computer gibt dir eine Rückmeldung

Jetzt soll noch gesagt werden, ob der Spieler oder die Spielerin das richtige oder falsche Ergebnis genannt hat. Bei einer falschen Antwort gibt das Programm das richtige Ergebnis aus. Das ist der Programm-Endspurt:

1. Du brauchst drei Blöcke **sage Hallo! für 2 Sekunden**. Den ersten ziehst du in die **falls**-Lücke. Die beiden anderen ziehst du in die **sonst**-Lücke.

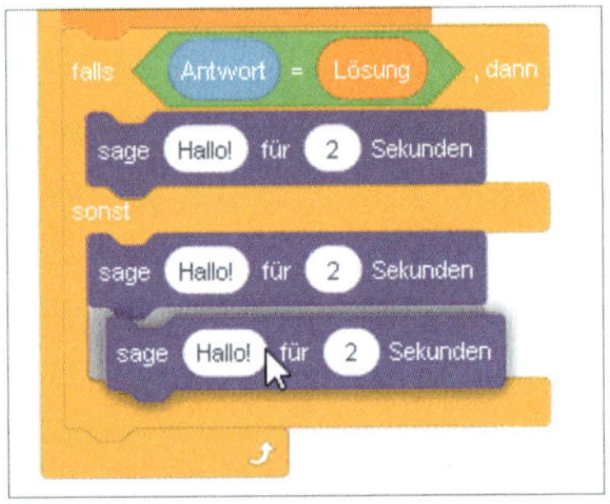

2. Trage in den ersten Block als Text „Richtig!" und in den zweiten Block „Leider falsch!" ein.

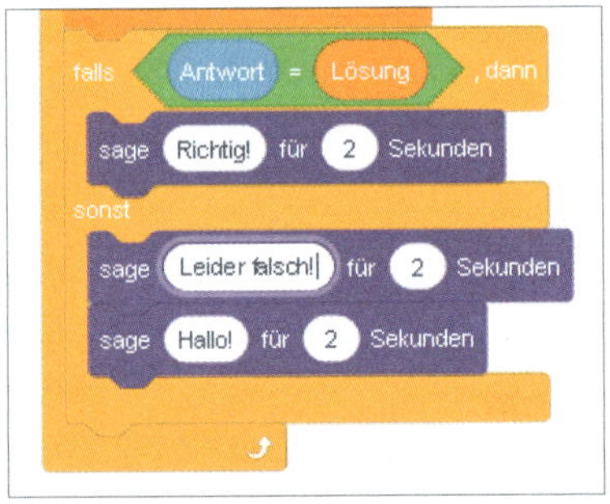

3. In den dritten **sage**-Block ziehst du aus dem Kreis **Operatoren** das dir bereits bekannte Element **verbinde Apfel und Banane**.

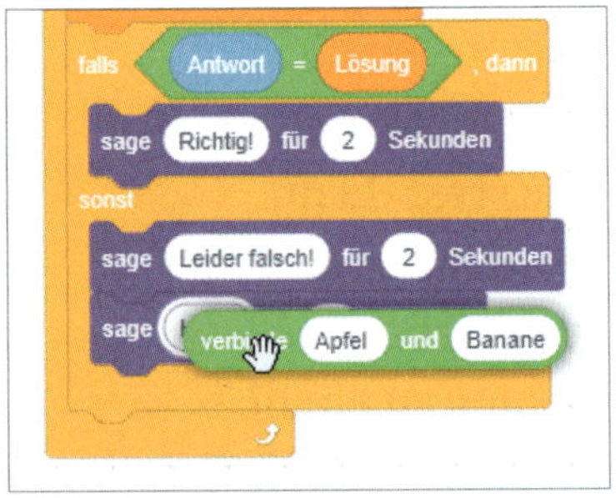

4. Trage in das linke Feld des grünen Elements ein: „Die Lösung lautet:“ In das rechte Feld ziehst du die Variable **Lösung**.

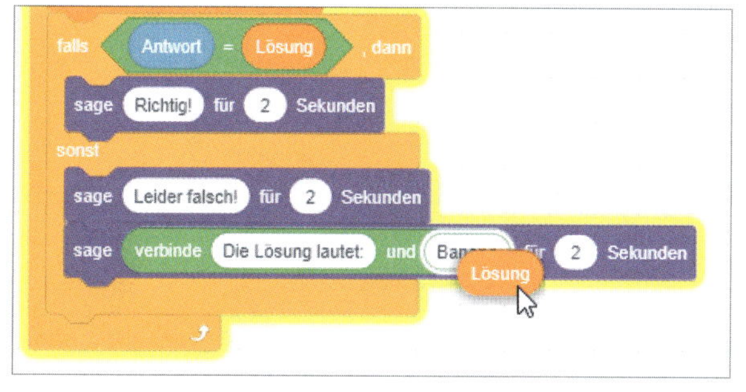

5. Fertig ist der Rechentrainer! Klicke im Anzeigebereich auf das Symbol , um das Programm zu starten, Spaß zu haben und Kopfrechnen zu üben!

Falls du Lust auf ein etwas umfangreicheres Programm hast: Erstelle auf eigene Faust einen Rechen-Trainer, bei dem du zwischen den vier verschiedenen Grundrechenarten Plus, Minus, Mal und Geteilt durch auswählen kannst. Da ist Knobeln angesagt! Oder möchtest du den programmierten Rechentrainer verbessern? Dann sorge dafür, dass richtige Antworten mit einem schönen Klang belohnt werden oder dass nach zehn richtigen Antworten eine Fanfare ertönt!

Anzeige vergrößern oder verkleinern

Wenn du fortgeschritten bist, programmierst du manchmal ganz schön umfangreiche Programme. Deshalb kannst du den Programmbereich verschieben, wie du es bereits gelernt hast. Rechts unten im Programm findest du darüber hinaus Symbole, um die Blöcke im Programmbereich zu vergrößern (), sie zu verkleinern () und um die normale Ansichtsgröße wiederherzustellen (=).

11 Fang den Ball! Programmiere ein witziges Fang-Spiel

Programmiere ein weiteres Spiel, in dem du vieles von dem einsetzen kannst, was du bereits über das Programmieren mit Scratch gelernt hast: Schleifen, bedingte Anweisungen, Operatoren und noch mehr. In dem Spiel soll ein Hund in einer von dir vorgegebenen Zeit möglichst viele Bälle fangen. Bist du bereit für dein Meisterstück? Dann lege mit dem Programmieren los!

Wähle Figuren und ein Bühnenbild aus

Die ersten Schritte zum Erstellen deines Fang-Spiels werden dir ganz leichtfallen. Du wählst einfach auf der Scratch-Seite einen Hund als Fänger, einen Ball und einen passenden Hintergrund aus.

1. Zur Auswahl einer Figur klickst du im Bereich **Figur** auf das Katzenkopf-Symbol.

2. Wähle mit einem Mausklick darauf die Figur **Dog1** aus.

3. Wähle danach noch als weitere Figur einen Ball aus, zum Beispiel den Fußball.

4. Dann klickst du im Bereich **Bühne** auf das Fotosymbol.

5. Entscheide dich mit einem Mausklick für ein passendes Bühnenbild, etwa **Forest**. Forest ist das englische Wort für Wald.

Nicht benötigte Figuren löschst du im Bereich Figur. Weißt du noch, wie? Du klickst dazu eine Figur an und klickst anschließend auf die zugehörige Mülltonne. Mit dem entsprechenden Feld im Bereich Figur kannst du auch noch die Größe der Figuren anpassen. Zu sehen sein sollen zum Schluss nur der Hund, der Ball und das von dir ausgewählte Bühnenbild.

Scratch-Befehle in anderen Sprachen erhalten

Interessiert es dich, wie die Scratch-Befehle auf Dänisch oder Türkisch lauten? Wähle oben in Scratch **Einstellungen**. Unter dem Menüeintrag **Sprache** kannst du unter vielen verschiedenen Sprachen wählen.

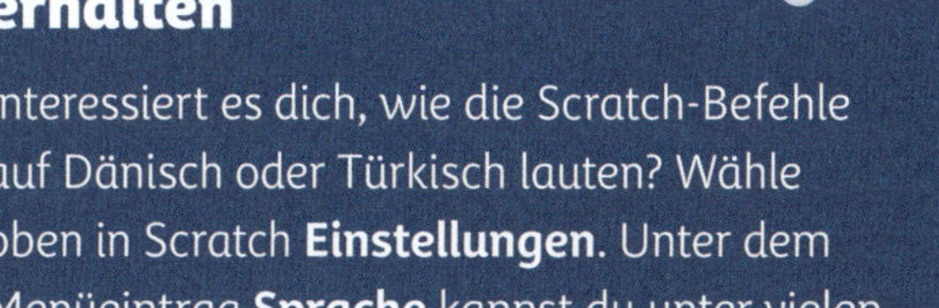

Hundesteuerung vorbereiten

Der Hund soll sich am linken Rand nach oben und unten bewegen lassen, und zwar mit den entsprechenden Pfeiltasten. Um das zu programmieren, nutzt du bedingte Anweisungen.

1. Wähle im Bereich **Figur** den Hund aus. Passe seine Position an.

Klicke den Hund an.

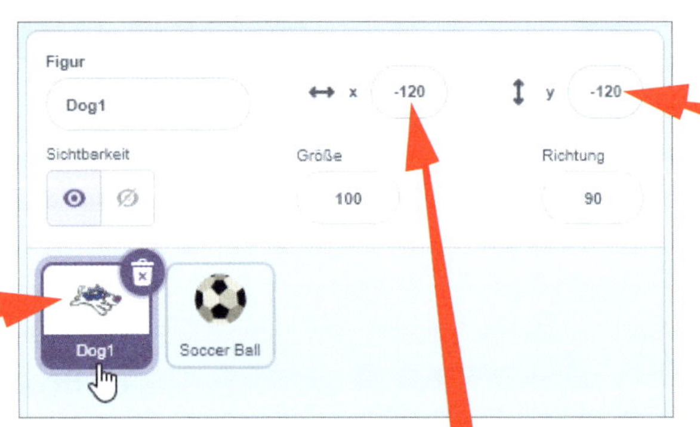

Gib als Position in der Senkrechten (= y-Achse) den Wert „-120“ ein.

Gib als Position in der Waagerechten (= x-Achse) den Wert „-120“ ein.

2. Ziehe aus dem Kreis **Ereignisse** den Block **Wenn 🏁 angeklickt wird** in den Programmbereich.

Klicke auf den gelben Kreis „Ereignisse“.

Ziehe diesen Block bei gedrückter linker Maustaste in den Programmbereich.

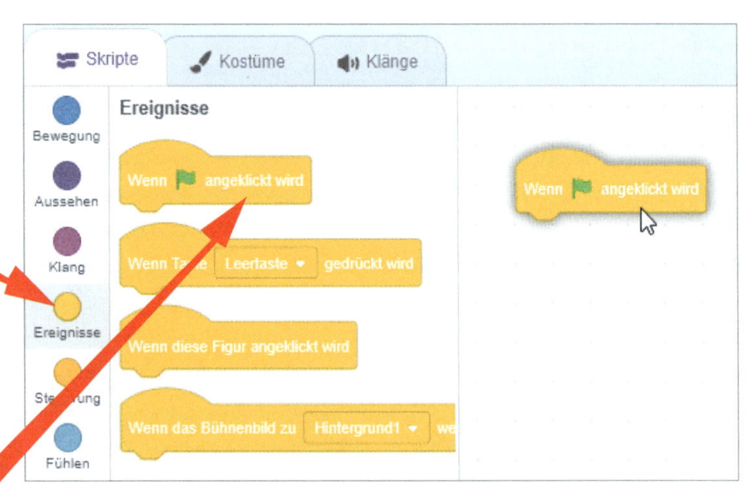

3. Wähle als Nächstes aus dem Kreis **Steuerung** die Schleife **wiederhole fortlaufend**, und hefte sie unten an den Block **Wenn 🏁 angeklickt wird** an.

4. Ebenfalls aus dem Kreis **Steuerung** ziehst du die bedingte Anweisung **falls, dann – sonst**. Platziere diese in der Schleife.

Der Kreis „Steuerung" ist ausgewählt.

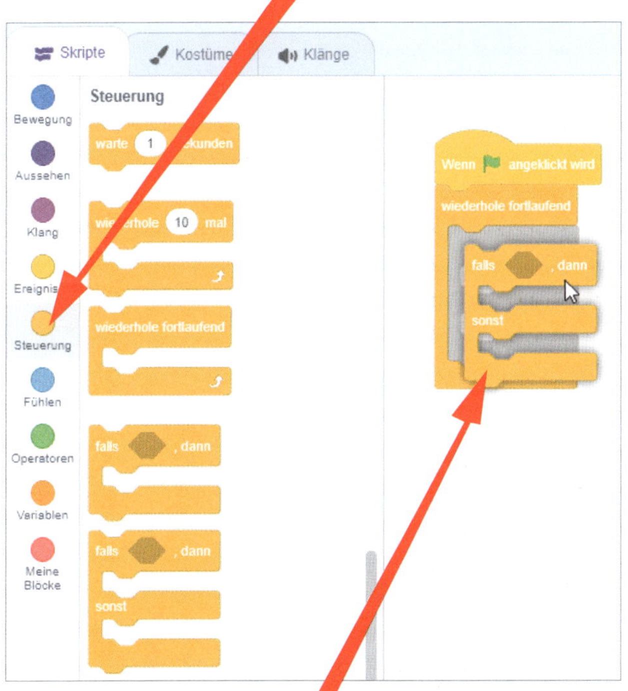

Dieser Block wird bei gedrückter linker Maustaste in die Schleife „wiederhole fortlaufend" gezogen.

5. Um das Gerüst fertigzustellen, ziehst du nun noch den Block **falls, dann** in die **sonst**-Lücke des Blocks **falls, dann – sonst**.

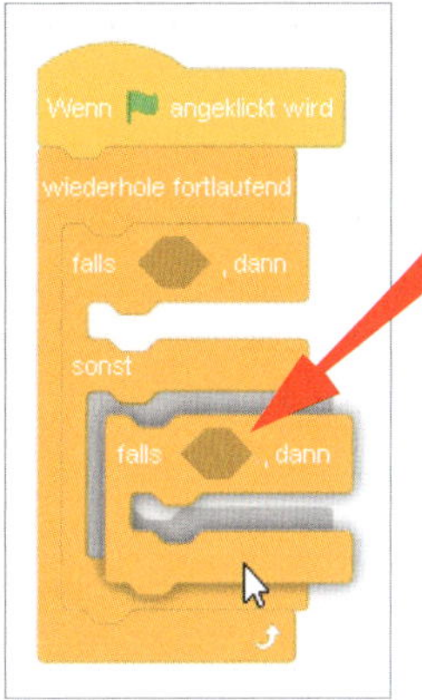

Der Block „falls, dann" wird bei gedrückter linker Maustaste in die „sonst"-Lücke des Blocks „falls, dann – sonst" gezogen.

Es gibt oft mehrere Programmiermöglichkeiten

Erinnerst du dich noch an Kapitel 3, als du die Katze mit den Pfeiltasten gesteuert hast? Da hast du „Wenn …" benutzt, um das gleiche Ergebnis zu erhalten. Du hast oft mehrere Möglichkeiten, von dir gewünschte Funktionen in einen Code umzusetzen!

Die Auf- und Ab-Bewegung steuern

Das Gerüst für den Programmteil der Hundefigur ist erstellt. Allerdings fehlen noch die Bedingungen und Aktionen in den bedingten Anweisungen. Diese ergänzt du mit wenigen Schritten.

1. Entscheide dich im Kreis **Fühlen** für das Element **Taste Leertaste gedrückt?**. Ziehe es bei gedrückter linker Maustaste in die Lücken neben den **falls**-Befehlen der bedingten Anweisungen.

Wähle mit einem Mausklick den Kreis „Fühlen“.

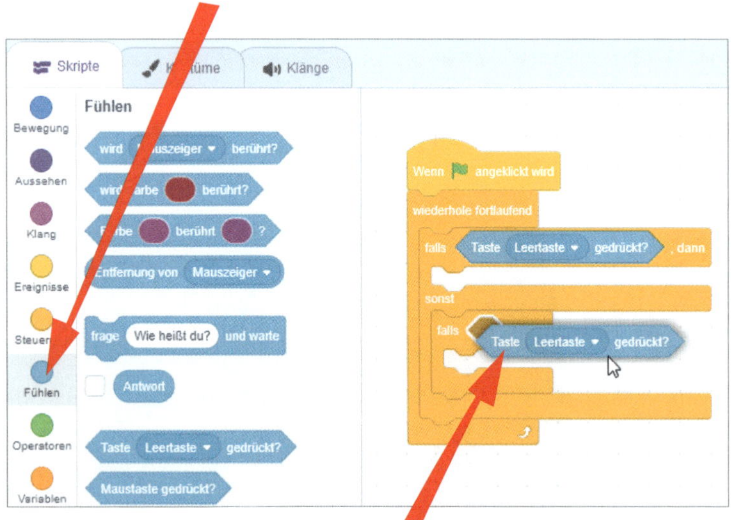

Ziehe dieses Element in die Lücken rechts neben den „falls“-Befehlen.

2. Als Tasten wählst du **Pfeil nach oben** sowie **Pfeil nach unten** aus.

Hier wählst du die Taste „Pfeil nach oben“ aus.

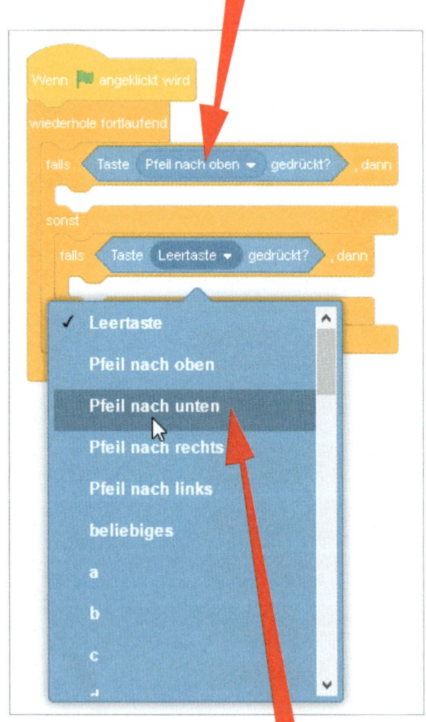

Hier wählst du die Taste „Pfeil nach unten“ aus.

3. Als Nächstes wechselst du zum Kreis **Bewegung**. Ziehe den Block **ändere y um 10** in die noch vorhandenen Lücken.

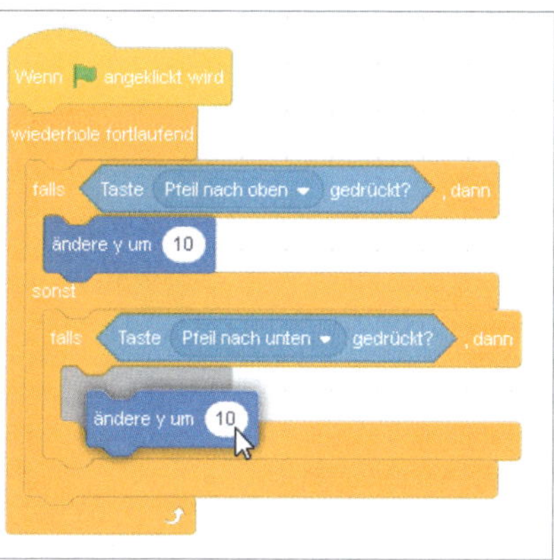

4. Den Wert im zweiten Block **ändere y um 10** änderst du auf **-10**.

Der Wert „10“ gibt an, dass die Figur in der Senkrechten nach oben bewegt wird.

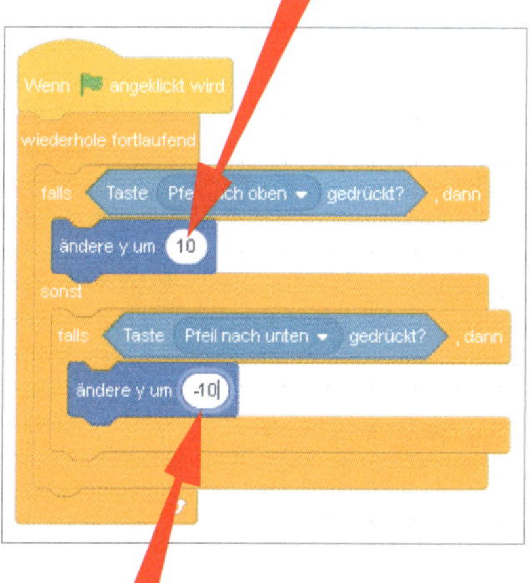

Der Wert „-10“ gibt an, dass die Figur in der Senkrechten nach unten bewegt wird.

5. Damit ist der Programmteil für den Hund fertig. Klicke im Anzeigebereich auf das Fahnensymbol, um den Code auszuführen. Der Hund lässt sich nun mit den Pfeiltasten nach oben und nach unten bewegen. Probiere das doch gleich einmal aus!

Klicke hier, um das bisherige Programm auszuführen.

Mit x und y werden Positionen angegeben

Die Buchstaben x und y werden hier dazu verwendet, um Positionen anzugeben. Die x-Position (man sagt auch: x-Achse) steht für die Waagerechte, also das, was nach rechts oder links geht. Die y-Position (oder: y-Achse) steht für die Senkrechte, also das, was nach oben oder unten geht.

Der Ball fliegt vom rechten zum linken Rand

Der Hund wartet am linken Rand auf den Ball. Dieser soll vom rechten Rand auf ihn zufliegen, aber immer auf einer anderen Höhe. So ist der Spieler gefordert, den Hund nach oben oder unten zu bewegen, damit er den Ball fangen kann.

1. Um den Programmteil für den Ball zu erstellen, klicke diesen im Bereich **Figur** an.

2. Auch für den Ball benötigst du den Block **Wenn 🏁 angeklickt wird**. Hefte daran die Blöcke **gehe zu Zufallsposition** und **setze x auf**.

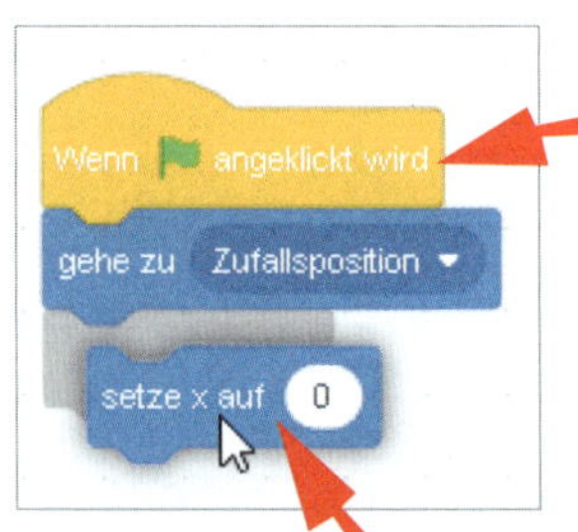

Diesen Block findest du im Kreis „Ereignisse".

Die beiden blauen Blöcke holst du dir aus dem Kreis „Bewegung".

3. Gib im Block **setze x auf** den Wert **180** ein. Damit setzt du den Ball an den rechten Rand. Der Block **gehe zu Zufallsposition** sorgt gleichzeitig dafür, dass die Höhe zufällig bestimmt wird.

4. Nun benötigst du wieder die Endlosschleife **wiederhole fortlaufend** aus dem Kreis **Steuerung**. Hefte sie unten an den bisherigen Code an.

Öffne den Kreis „Steuerung".

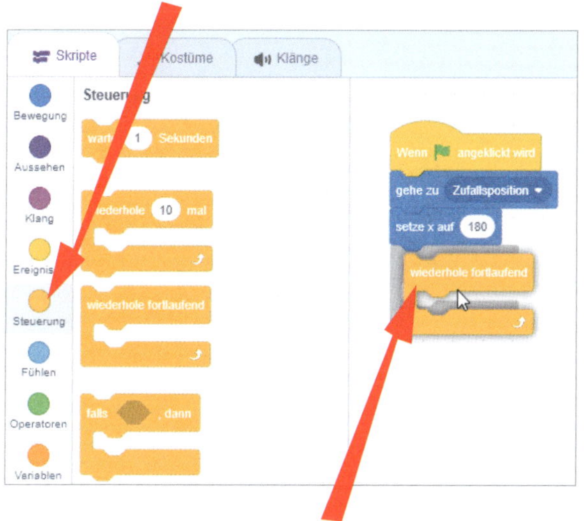

Hefte die Endlosschleife „wiederhole fortlaufend" an den bisherigen Code an.

5. In die Schleife ziehst du aus dem Kreis **Bewegung** den Block **ändere x um 10**. Ändere den Wert in diesem Block auf **-10**.

Ziehe diesen blauen Block in die Endlosschleife, und trage den Wert „-10" ein.

Ahnst du, warum du bei dem Wert im Block ändere x um 10 ein Minuszeichen voranstellen musst? Das ist wichtig, damit der Ball vom rechten Rand nach links fliegt. Ohne Minuszeichen würde der Ball nach rechts fliegen.

Der Ball soll schneller fliegen?

Damit das Spiel schwieriger wird, kannst du den Ball schneller fliegen lassen. Dazu wählst du einen höheren Minuswert im Block **ändere x um 10**. Trage dort zum Beispiel **-20** statt **-10** ein. Schon hat der Ball das doppelte Tempo.

Wenn der Hund den Ball nicht fängt

Im bisherigen Programmteil für den Ball gibst du als Nächstes an, was passiert, wenn der Hund den Ball nicht fängt. Der Ball soll dann bis zum linken Rand weiterfliegen und anschließend wieder zum rechten Rand zurückkehren. Das programmierst du wieder mit einer bedingten Anweisung.

1. Ziehe aus dem Kreis **Steuerung** einen Block **falls, dann** unten in die Endlosschleife.

Entscheide dich für den Kreis „Steuerung".

Hefte den „falls, dann"-Block in der Endlosschleife unten an den „ändere x"-Block an.

2. Wechsle zum Kreis **Operatoren**. Klicke dort auf das grüne Element mit dem Zeichen **<**. Dieses Zeichen bedeutet „kleiner als". Ziehe das grüne Element bei gedrückter linker Maustaste in die Lücke neben dem **falls**-Befehl.

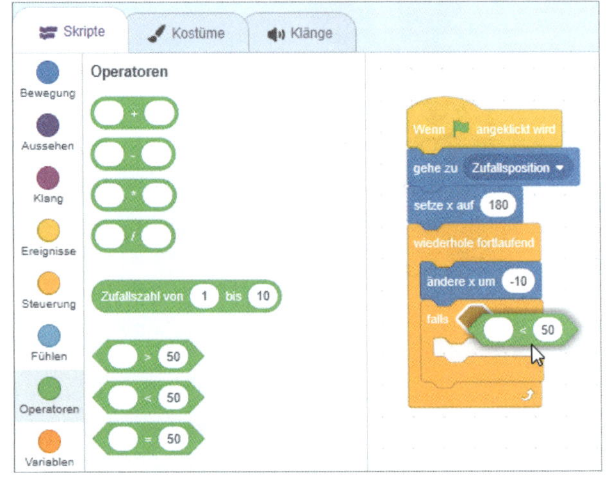

3. In das linke Feld des grünen Elements ziehst du aus dem Kreis **Bewegung** das Element **x-Position**.

4. In das rechte Feld des grünen Elements trägst du ein: **-180**.

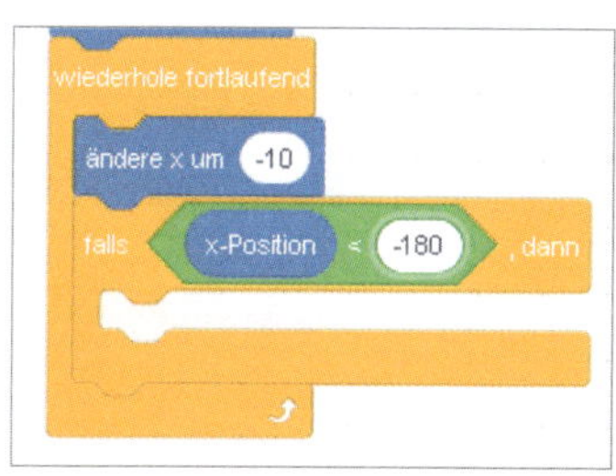

5. Ergänze die beiden blauen Blöcke, die du auch schon oben im Code stehen hast, also **gehe zu Zufallsposition** und **setze x auf 180**.

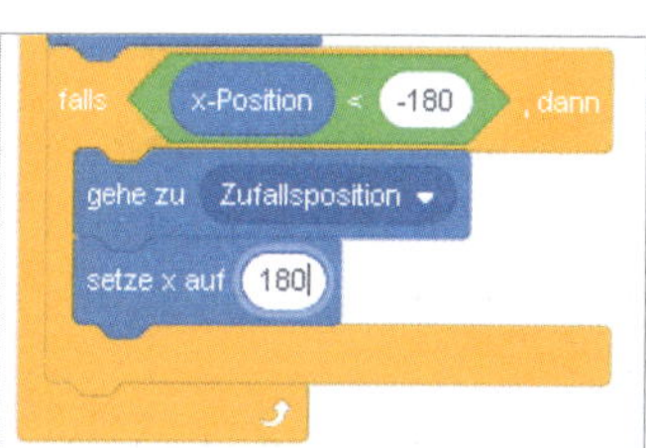

Das klingt ganz schön schwierig, nicht wahr? Die bedingte Anweisung gibt einfach an, dass der Ball wieder zum rechten Rand zurückkehren soll, wenn am linken Rand eine von dir bestimmte Linie überschritten wird. Gelangt er zur gedachten Linie bei minus 180, wird er zur Position bei plus 180 zurückgesetzt. Nicht nur lesen, sondern programmieren – dann siehst du gleich, wie das gemeint ist!

Größer oder kleiner?

Die Zeichen < und auch > kannst du beim Programmieren öfter gut gebrauchen. Mit dem Zeichen < („kleiner als“) gibst du an, dass der Wert links vom Zeichen kleiner ist als der Wert rechts vom Zeichen. Verwendest du das Zeichen > („größer als“) ist es gerade umgekehrt – das Zeichen sieht aus wie das Maul eines Krokodils, das die größere Zahl frisst!

Der Hund fängt den Ball

Für den Ball erstellst du noch einen weiteren Programmteil. In diesem legst du fest, was passieren soll, wenn der Hund den Ball fängt. Der Ball soll dann verschwinden und zurück zum rechten Rand gesetzt werden.

1. Erstelle für den Programmteil ein Gerüst aus den Blöcken **Wenn angeklickt wird**, **wiederhole fortlaufend** sowie **falls, dann**. Die Abbildung zeigt dir die Anordnung dieser Blöcke.

2. Aus dem Kreis **Fühlen** ziehst du anschließend das Element **wird Mauszeiger berührt?** und platzierst es in der Lücke neben dem **falls**-Befehl.

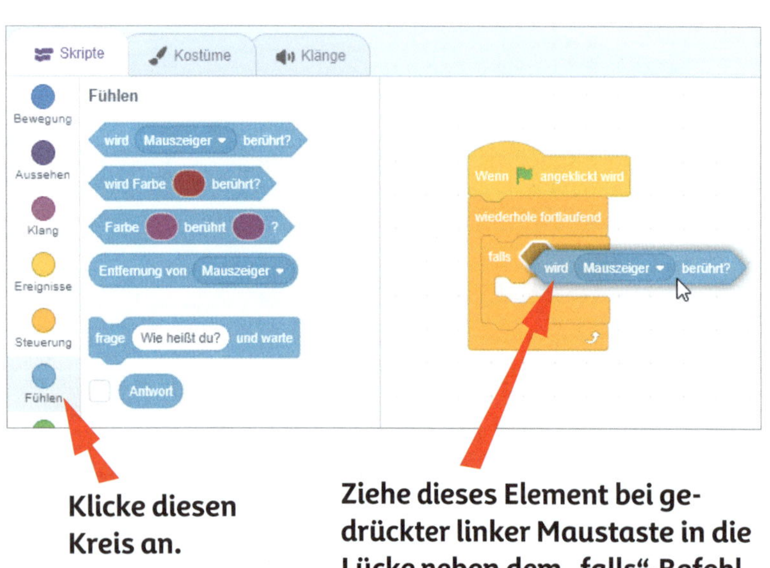

Klicke diesen Kreis an.

Ziehe dieses Element bei gedrückter linker Maustaste in die Lücke neben dem „falls"-Befehl.

3. Öffne in dem Element das Menü, und entscheide dich für den Eintrag **Dog1**. Denn es soll ja etwas geschehen, wenn der Ball den Hund berührt.

Klicke hier, um das Menü zu öffnen.

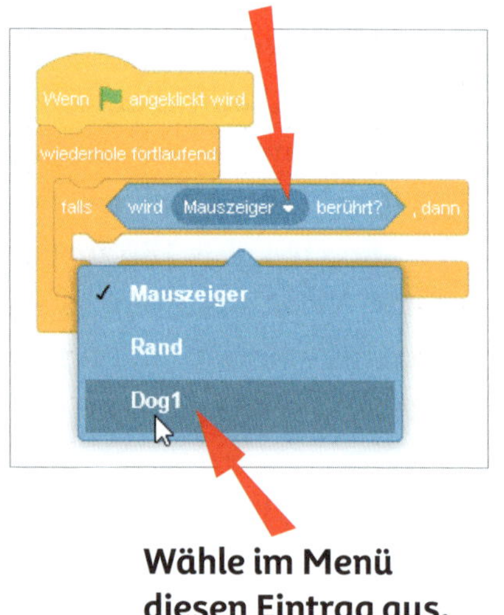

Wähle im Menü diesen Eintrag aus.

4. Ziehe in die Lücke wieder die beiden Elemente **gehe zu Zufallsposition** und **setze x auf**. Trage auch hier den Wert **180** ein – so wie ja auch schon im anderen Programmteil.

Hier tippst du die Zahl 180 ein.

5. Ergänze die beiden Blöcke **verstecke dich** und **zeige dich**. Platziere sie so, wie es in der Abbildung gezeigt wird. Diese Blöcke sorgen dafür, dass der Ball verschwindet, wenn er den Hund berührt, und dann am rechten Rand wieder auftaucht.

Den Block „verstecke dich“ platzierst du oben in der bedingten Anweisung.

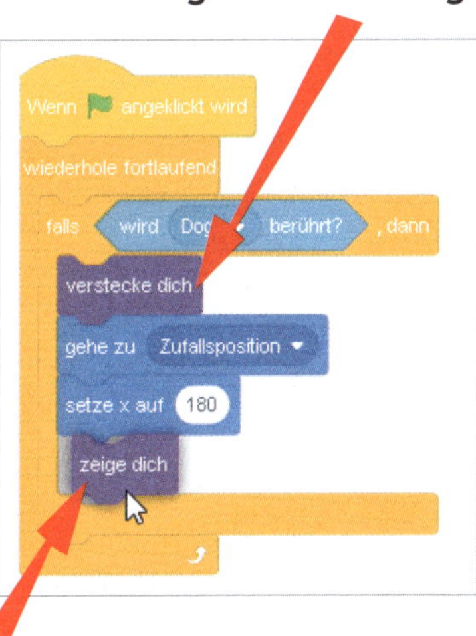

Den Block „zeige dich“ heftest du unten in der bedingten Anweisung an.

Falls du eine Figur versehentlich versteckt hast

Manchmal kann es passieren, dass du den Block „verstecke dich“ versehentlich anklickst. Dann ist die Figur plötzlich nicht mehr zu sehen. Klicke dann einfach auf den Block „zeige dich“, um sie wieder einzublenden.

In deinem Programm wird ab sofort abgefragt, ob der Hund vom Ball berührt wird. Ist dies der Fall, verschwindet der Ball, wird aber sofort am rechten Rand wieder eingeblendet und fliegt erneut auf den Hund zu.

Die Punkte werden gezählt

Wie schon bei einem anderen Spiel, das du programmiert hast, baust du auch in dem Fang-Spiel noch einen Punkte-Zähler ein. Dieser zeigt dir, wie gut du dich in einer Spielrunde geschlagen hast. Zum Erstellen des Punkte-Zählers benötigst du eine Variable.

1. Wähle den Kreis **Variablen**. Klicke das Element **meine Variable** mit der rechten Maustaste an. Im Menü wählst du **Benenne die Variable um**.

Wähle den Kreis „Variablen“.

Klicke die bereits vorhandene Variable mit der rechten Maustaste an.

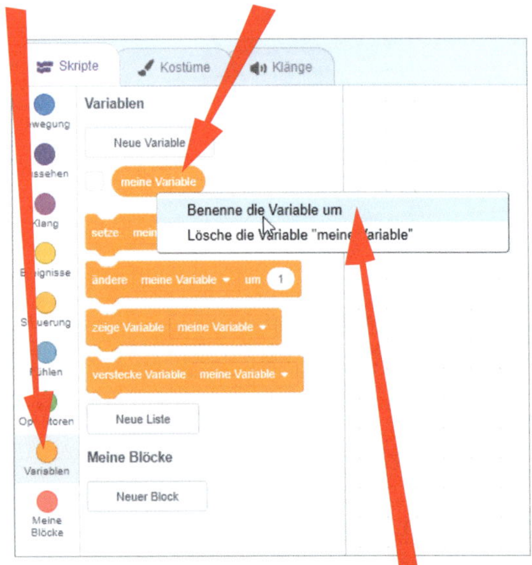

Entscheide dich im Menü für diesen Eintrag.

2. Gib der Variablen den Namen „Punkte“. Bestätige mit einem Mausklick auf **OK**.

Trage hier „Punkte“ ein.

Bestätige mit einem Mausklick auf „OK“.

3. Ziehe den Block **setze Punkte auf 0** in den Programmteil „Der Hund fängt den Ball“. Platziere ihn an zweiter Stelle unterhalb des Blocks **Wenn 🏴 angeklickt wird**.

4. Ziehe als Nächstes den Block **zeige Variable Punkte** in den Programmbereich, und hefte ihn unten an den Block **setze Punkte auf 0** an.

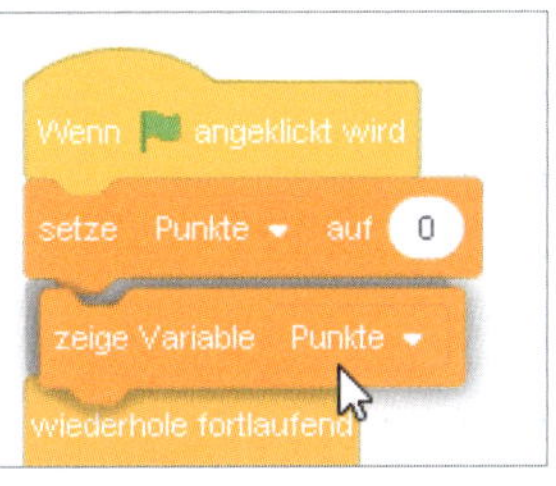

5. Schließlich benötigst du aus dem Kreis **Variablen** auch noch den Block **ändere Punkte um 1**. Diesen heftest du in der bedingten Anweisung an den Block **verstecke dich** an.

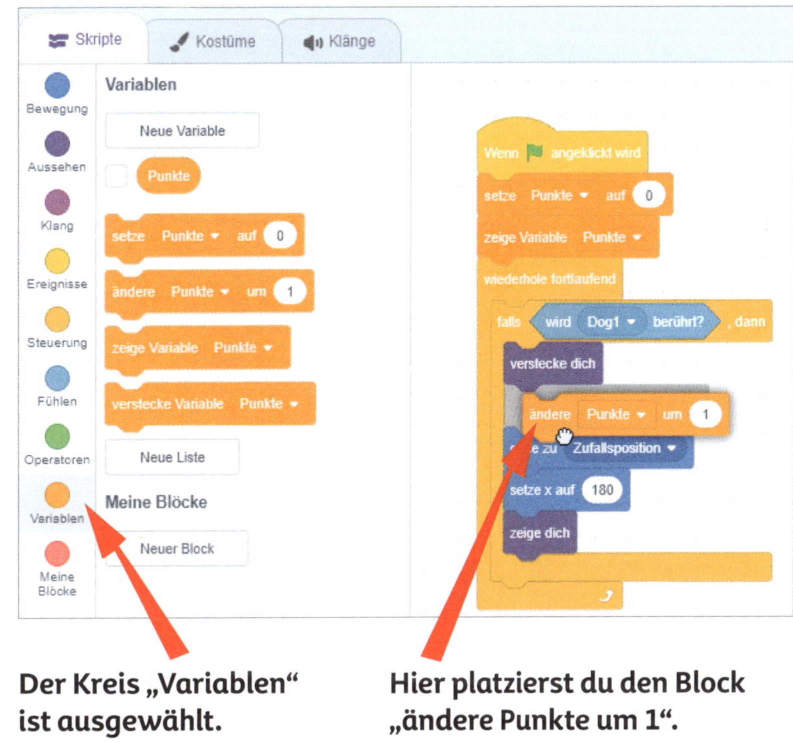

Der Kreis „Variablen" ist ausgewählt.

Hier platzierst du den Block „ändere Punkte um 1".

Mit einer weiteren Variablen könntest du zählen, wie viele Bälle vom Hund nicht gefangen werden. Die entsprechenden Blöcke würdest du im anderen Programmteil für den Ball einfügen. Überlege, an welcher Stelle!

Anzeigegröße der Variable ändern

Soll die Variable im Anzeigebereich größer und ohne das Wort „Punkte" davor dargestellt werden? Klicke die Variable im Anzeigebereich mit der rechten Maustaste an, dann erhältst du in einem Menü entsprechende Möglichkeiten.

Bei jedem Punkt erklingt ein Geräusch

Zu einem guten Computerspiel gehören auch die passenden Geräusche. In diesem Fall soll ein Klang ertönen, wenn der Ball den Hund berührt. Für dich ist das Ergänzen des bisherigen Programms inzwischen eine leichte Übung!

1. Wähle oberhalb der Leiste mit den Blöcken den Tab **Klänge**.

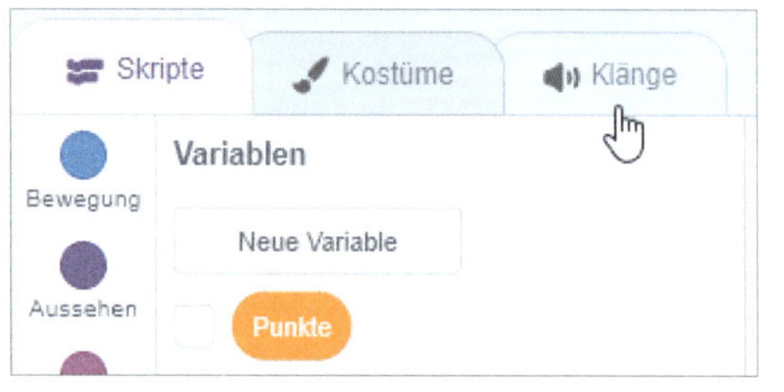

2. Klicke unten im Bereich mit den Klängen auf das Lautsprechersymbol.

3. Bewege den Mauszeiger auf einen Klang, um ihn dir anzuhören. Um den Klang zu übernehmen, klicke ihn mit der Maus an.

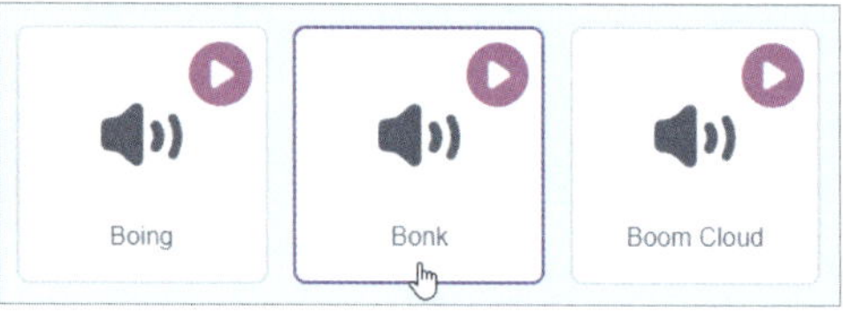

Klänge auf dem Computer speichern

Apropos Klang: Du kannst Klänge nicht nur auf die Scratch-Seite hochladen, sondern du kannst auch Klänge herunterladen. Klicke einen Klang dazu im Bereich **Klänge** mit der rechten Maustaste an. Im Menü wählst du dann **Exportieren** und gehst dann vor wie beim Speichern eines ganzen Programms (siehe Kapitel 2).

4. Nun ziehe das Element **spiele Klang ... ganz** in den Programmbereich. Hefte es an den Block **verstecke dich** an.

Wähle nach dem Hinzufügen des Klangs wieder den Tab „Skripte“.

Entscheide dich für den Kreis „Klang“.

Hier platzierst du den „spiele Klang ... ganz“-Block.

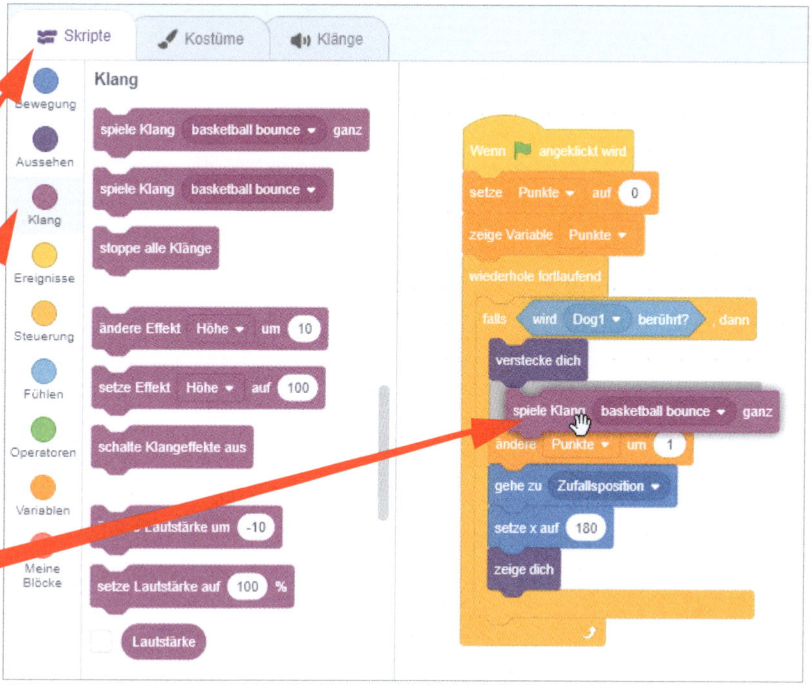

5. Öffne in dem eingefügten Block das Menü, und wähle den gewünschten Klang aus.

Hier klickst du, um das Menü zu öffnen.

Entscheide dich im Menü für den gewünschten Klang.

Du hast den Klang in die bedingte Anweisung wird Dog1 berührt eingefügt. Das bedeutet, dass der Klang immer dann abgespielt wird, wenn der Ball den Hund berührt. Achte darauf, einen kurzen, knackigen Klang auszuwählen, der zu dem Spiel passt!

Nach einer Minute wird das Spiel gestoppt

Mit dem bisherigen Programm kannst du bereits spielen. Allerdings gibt es kein Spielende. Du könntest also bis in alle Ewigkeit weiterspielen. Lass uns deshalb noch einen Code einfügen, der das Spiel nach einer Minute stoppt.

1. Ziehe aus dem Kreis **Steuerung** einen **falls, dann**-Block in den Programmbereich.

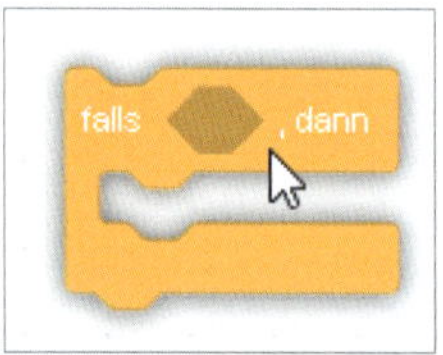

2. Aus dem Kreis **Operatoren** holst du ein grünes Element mit dem Zeichen > („größer als") und ziehst es in die Lücke neben dem **falls**-Befehl.

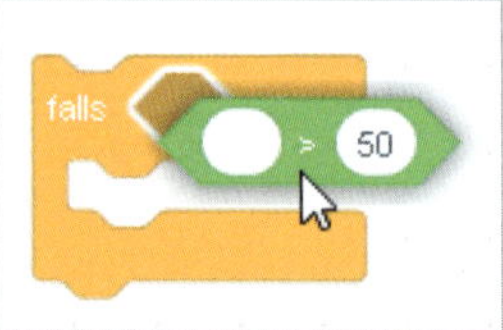

3. Links neben das Zeichen > ziehst du aus dem Kreis **Fühlen** das Element **Stoppuhr**. In das Feld rechts neben dem Zeichen trägst du die Zahl **60** ein. Die Zahl 60 steht in diesem Fall für 60 Sekunden, also eine Minute.

4. Hole aus dem Kreis **Steuerung** nun noch den Block **stoppe alles**, und platziere ihn in der Lücke des **falls, dann**-Blocks. Der Block **stoppe alles** beendet das gesamte Programm.

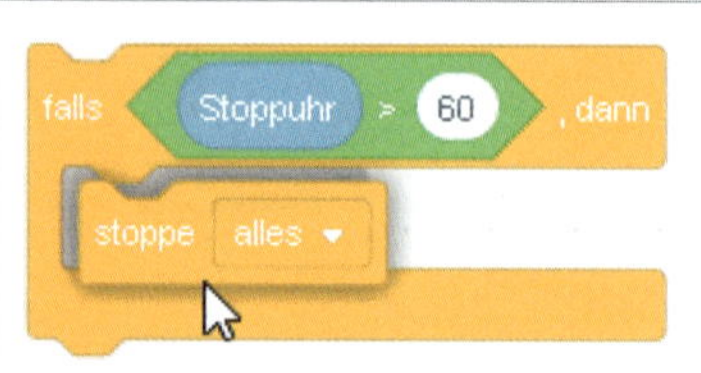

5. Die gesamte bedingte Anweisung ziehst du in den Programmteil, der angibt, was mit dem Ball passiert, wenn der Hund ihn nicht berührt. Platziere die bedingte Anweisung oben in der Endlosschleife **wiederhole fortlaufend**.

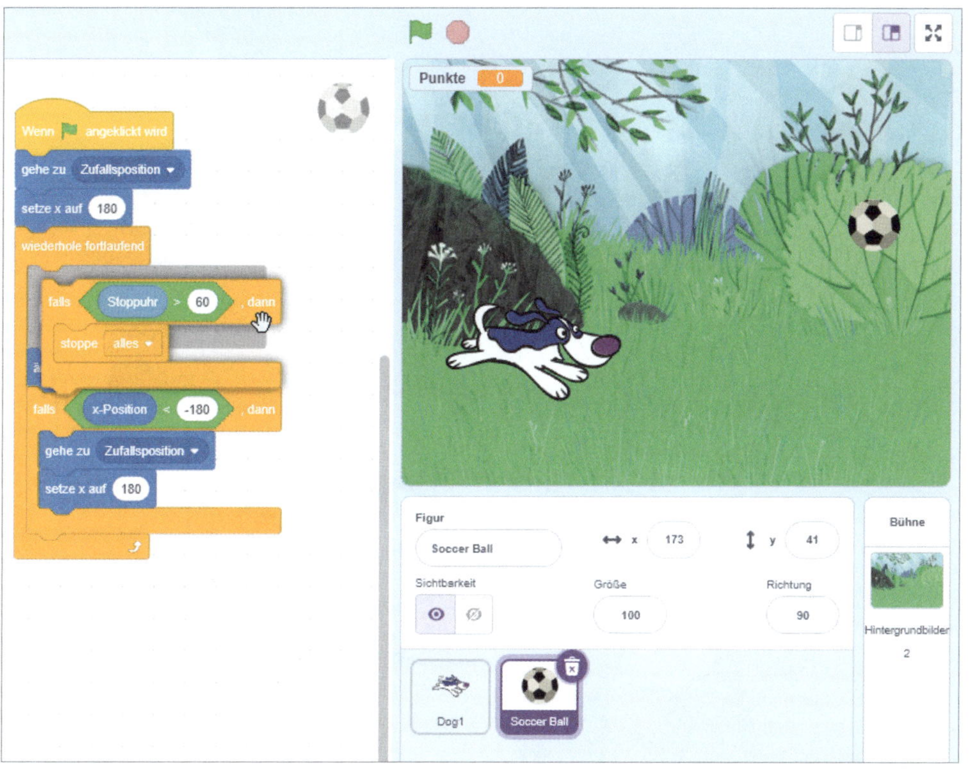

Aufgepasst: Wird das Programm gestoppt, während der Ball gerade versteckt ist, musst du diesen vor dem erneuten Spielbeginn wieder einblenden. Oder soll dies automatisch geschehen? Programmiere es!

Nicht klammern!

Ziehe die bedingte Anweisung erst dann in den bereits vorhandenen Code, wenn sie „gefüllt“ ist. Würdest du den Block leer einfügen, würde die bedingte Anweisung einen anderen bereits vorhandenen Code umklammern.

12 Tolle Funktionen für Fortgeschrittene

Du kennst dich mit Scratch nun schon ganz schön gut aus. Deshalb lernst du jetzt noch einige tolle Funktionen für Fortgeschrittene kennen. Du machst dich mit verschiedenen Erweiterungen für Scratch vertraut. Und du lernst, wie du dich als Scratcher registrieren kannst, um an der Community teilzunehmen (das sprichst du: Kommjuniti), also an der Internet-Gemeinschaft der Scratcher. Du erfährst, wie du auf die verschiedensten Scratch-Projekte anderer Nutzer zugreifen kannst.

Verwandle den Computer in ein Schlagzeug

Mit Erweiterungen bringst du zusätzliche Blöcke auf die Scratch-Seite. Diese kannst du dann in deinen Programmen verwenden. Zum Beispiel kannst du deinen Computer mit der passenden Erweiterung in ein elektronisches Schlagzeug verwandeln.

1. Klicke links unten in Scratch auf die lila-weiße Schaltfläche. Damit blendest du die verfügbaren Erweiterungen ein.

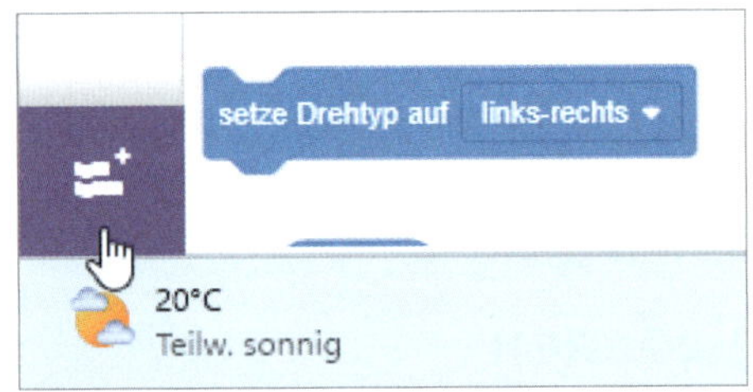

2. Zum Erstellen eines Schlagzeugs klickst du auf die Erweiterung **Musik**.

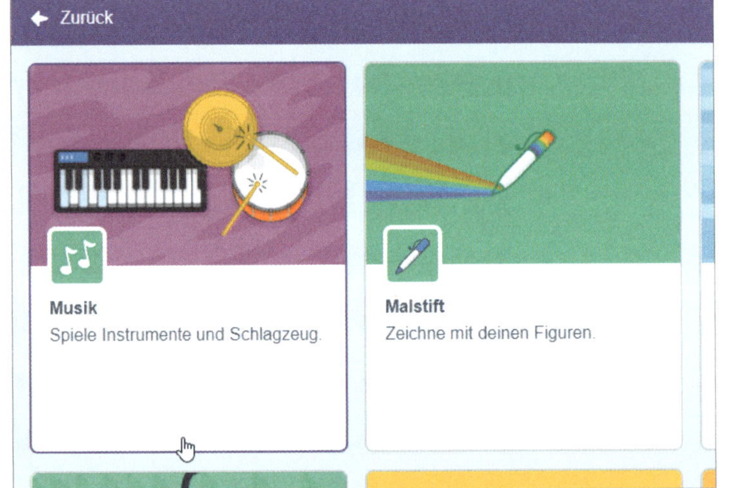

3. Schon steht die Erweiterung als zusätzlicher Kreis zur Verfügung, und dir werden die zugehörigen Blöcke angezeigt. Ziehe den Block **spiele Schlaginstrument** in den Programmbereich.

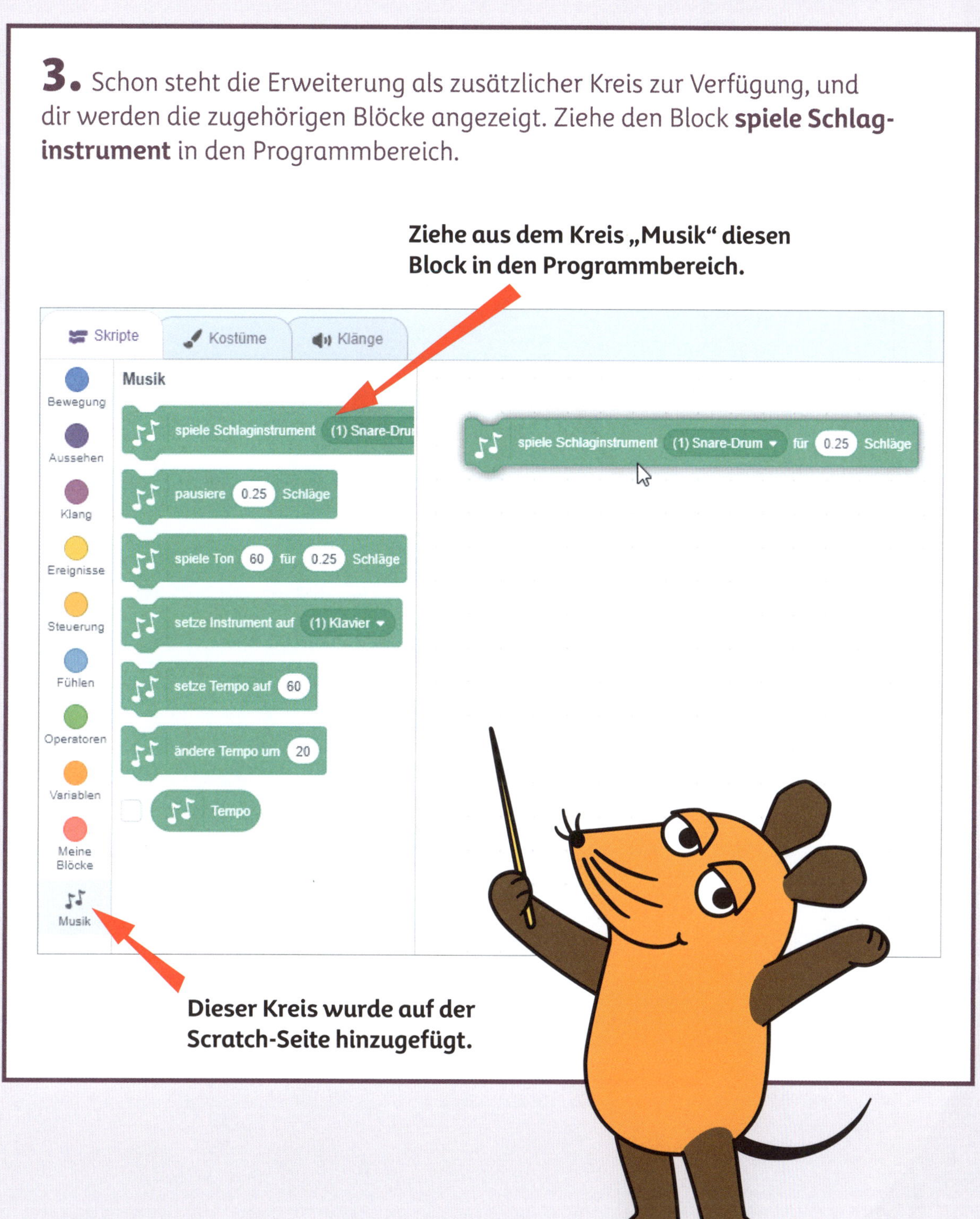

4. Hefte oben an den Block **spiele Schlaginstrument** den Block **Wenn Taste Leertaste gedrückt wird** an. Diesen findest du im Kreis **Ereignisse**.

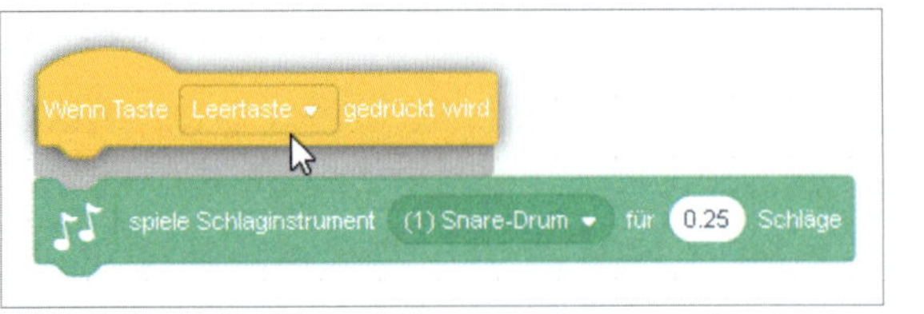

5. Verdopple die beiden Blöcke ein paar Mal. Wähle jeweils eine andere Taste und ein anderes Instrument aus.

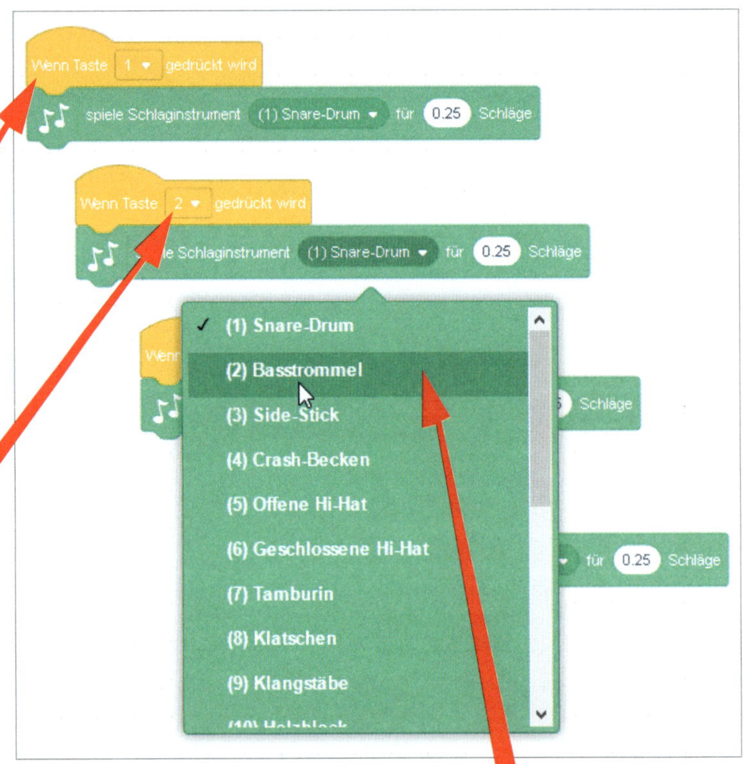

Klicke mit der rechten Maustaste auf das obere Element, und wähle im Kontextmenü „Duplizieren“, um die Blöcke zu verdoppeln.

Wähle in diesem Menü eine Taste aus.

In diesem Menü suchst du dir ein Schlaginstrument aus.

Du spielst das elektronische Schlagzeug mit den von dir festgelegten Tasten. Und falls du auch andere Instrumente spielen möchtest: Ziehe den Block setze Instrument auf in den Programmbereich, und wähle im Menü dieses Blocks das gewünschte Musikinstrument aus. Wie wäre es zum Beispiel mit einer E-Gitarre oder einer Posaune? Bastle dir mithilfe der Erweiterung ein ganzes Orchester zusammen!

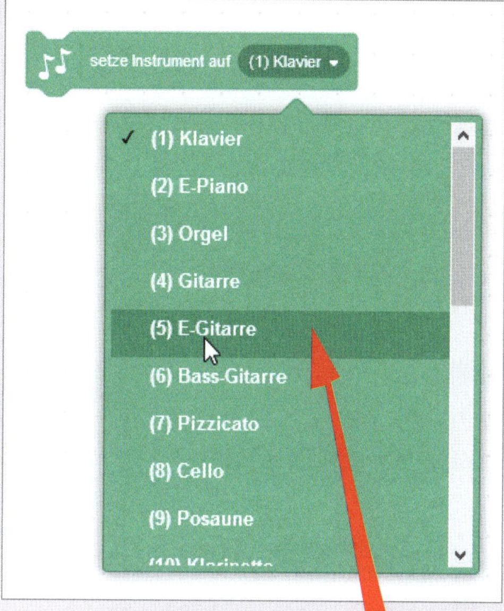

Neben dem Schlagzeug kannst du noch viele andere Musikinstrumente auswählen.

Beliebige eigene Blöcke erstellen

Nur ganz nebenbei: Du kannst in Scratch auch eigene Blöcke anlegen und mit deinen Angaben versehen. Dazu wählst du den Kreis **Meine Blöcke** und klickst dann auf **Neuer Block**. Mach dich aber zunächst mit den schon vorhandenen Blöcken vertraut! Die neuen Blöcke brauchst du dann später erst für deine Profi-Programme.

Deine Figur wie einen Riesen sprechen lassen

Mit der passenden Erweiterung kannst du deine Figur sogar einen von dir eingegebenen Text mit der Stimme eines Riesen sprechen lassen. Der Text wird also nicht in eine Sprechblase geschrieben, sondern mit einer richtigen Stimme gesprochen. Wie das gehen soll? Ganz einfach!

1. Klicke wieder unten in der Leiste mit den Kreisen auf die lila-weiße Schaltfläche.

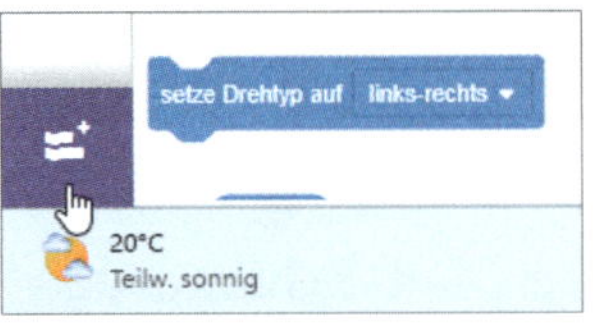

2. Entscheide dich dieses Mal für die Erweiterung **Text zu Sprache**.

3. Der Kreis **Text zu Sprache** wird hinzugefügt. Ziehe aus diesem Kreis den Block **sage Hallo** in den Programmbereich.

Ziehe diesen Block in den Programmbereich.

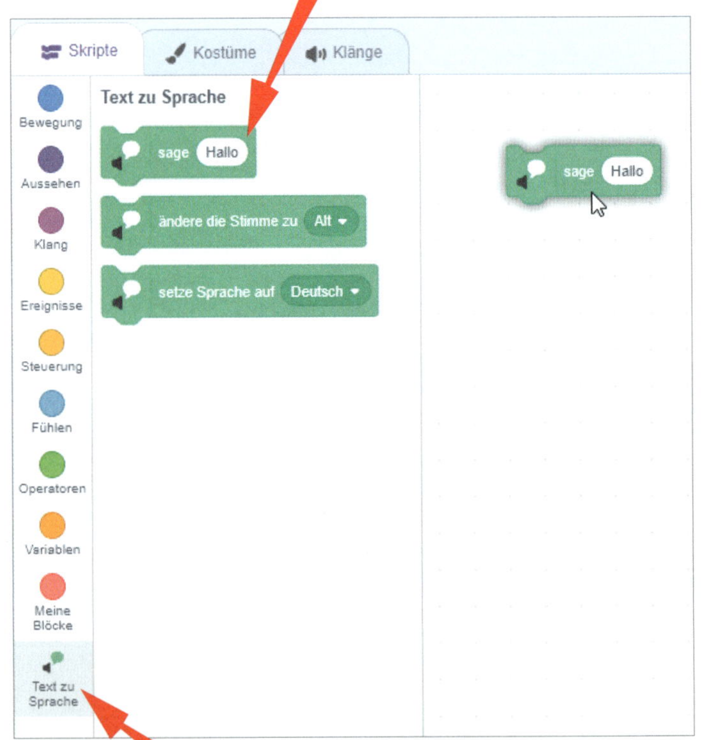

Der Kreis „Text zu Sprache" wurde hinzugefügt.

4. Gib im Block irgendeinen Text ein, den die Figur sprechen soll.

Klicke den Code an, um die Figur sprechen zu lassen. Natürlich kannst du die Blöcke auch anderswo einbauen. Du kannst die Sprachausgabe auch mit den Sprechblasen verbinden. So viele Möglichkeiten bietet Scratch! Experimentiere mit den anderen Erweiterungen ruhig auf eigene Faust – das macht viel Spaß!

5. Damit die Figur wie ein Riese spricht, heftest du oben noch den Block **ändere die Stimme zu Alt** an. Wähle im Menü den Eintrag **Riese**.

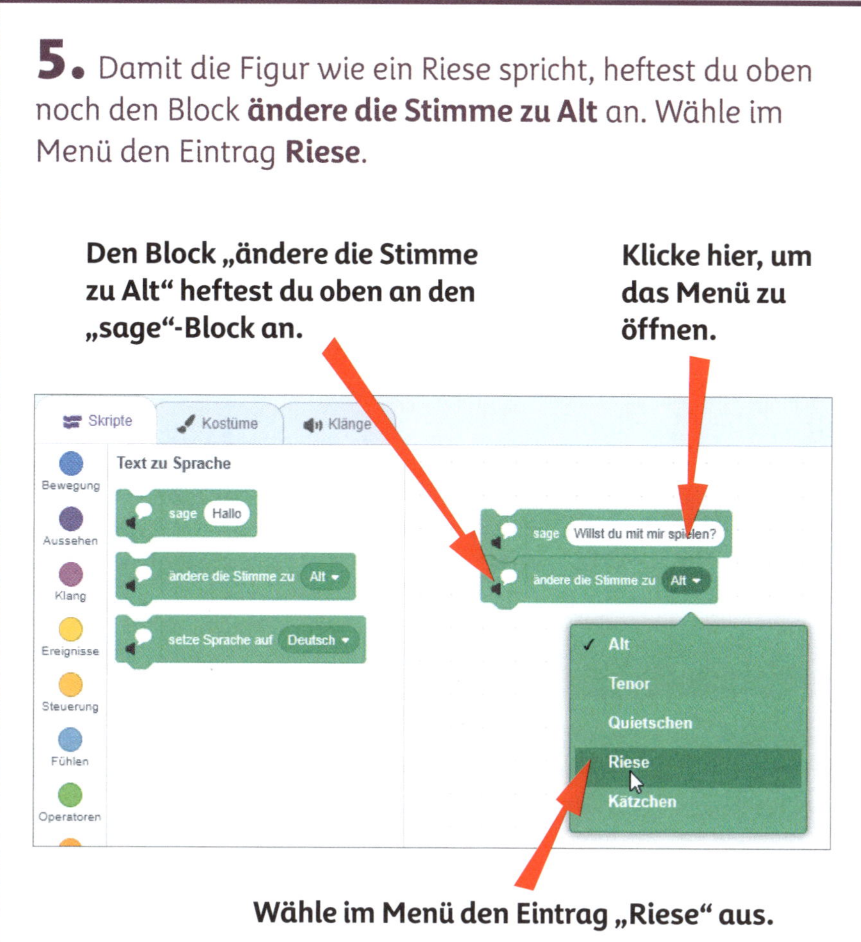

Wähle im Menü den Eintrag „Riese" aus.

Mit Scratch Mini-Computer und Roboter programmieren

Wenn du einen passenden Mini-Computer oder Roboter hast, kannst du mit Scratch ebenfalls Programme dafür schreiben. Schau dir dazu die entsprechenden Erweiterungen an!

Registriere dich als Scratcher

Du kannst deine Programme im Internet speichern. Und ist dir ein tolles Projekt gelungen, kannst du es auch mit anderen teilen. Dazu registrierst du dich als waschechter Scratcher. Voraussetzung ist allerdings, dass dir eine E-Mail (das sprichst du: Ihmäil) zur Verfügung steht. Bitte deine Eltern, dir bei der Registrierung zu helfen!

1. Um dich als Scratcher zu registrieren, klicke oben auf der Scratch-Seite auf **Scratcher werden**.

2. Gib irgendeinen Fantasienamen ein, und wähle ein sicheres Passwort. Sicheres Passwort, das bedeutet: Gib verschiedene Buchstaben, Zahlen und Zeichen ein. Notiere das Passwort auf einem Zettel, damit du es nicht vergisst! Bestätige mit **Weiter**.

3. Nun wirst du nach ein paar persönlichen Angaben gefragt, nämlich nach deinem Land, deinem Geburtsdatum und deinem Geschlecht. Gib diese Daten ein, und bestätige jeweils mit **Weiter**.

4. Bitte nun deine Eltern um die Eingabe ihrer E-Mail-Adresse! Bestätige mit **Erstelle dein Konto**.

5. Nun wird dir eine E-Mail zugeschickt, in der die E-Mail-Adresse bestätigt werden soll. Hast du alles erledigt, klicke auf **Fertig**.

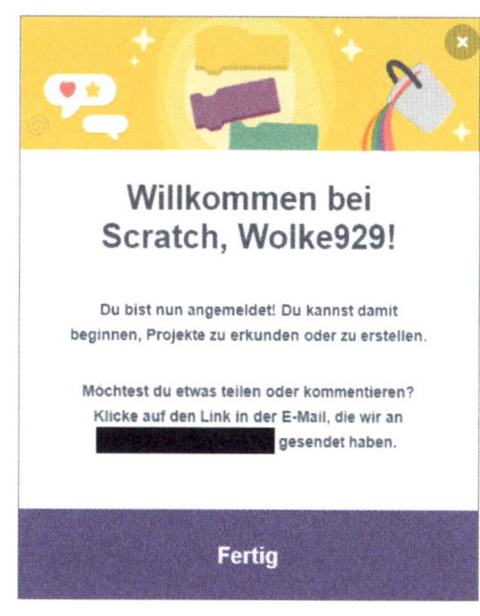

Bist du angemeldet, wird dir rechts oben auf der Scratch-Seite dein Benutzername angezeigt. Klicke darauf, um ein Menü mit den verschiedenen Möglichkeiten zu öffnen. Schau dir einfach einmal an, was dir als Scratcher so alles geboten wird!

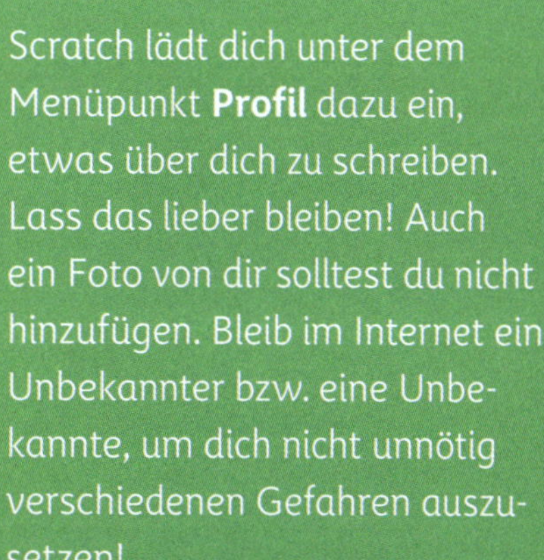

Mach keine Angaben über dich!

Scratch lädt dich unter dem Menüpunkt **Profil** dazu ein, etwas über dich zu schreiben. Lass das lieber bleiben! Auch ein Foto von dir solltest du nicht hinzufügen. Bleib im Internet ein Unbekannter bzw. eine Unbekannte, um dich nicht unnötig verschiedenen Gefahren auszusetzen!

Programme im Internet speichern und aufrufen

Bist du angemeldet, lassen sich Programme im Internet speichern. Dann kannst du ganz einfach von verschiedenen Computern aus darauf zugreifen. Die folgende Anleitung zeigt dir, wie du ein Programm im Internet speicherst und wieder aufrufst.

1. Tippe zunächst mal oben in das Eingabefeld einen sinnvollen Namen für dein Programm ein. Das Eingabefeld erscheint nur dann, wenn du angemeldet bist.

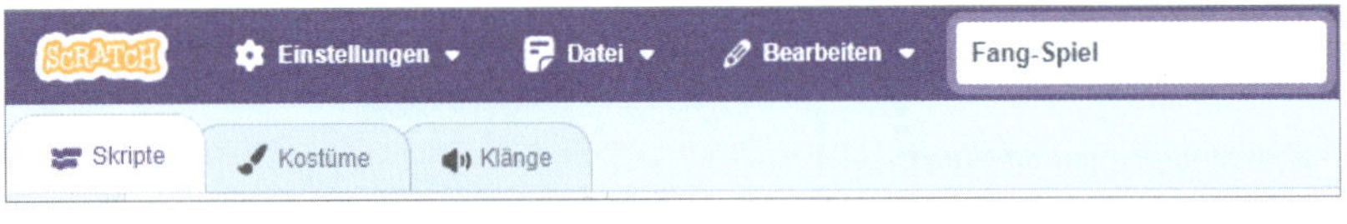

2. Klicke nun auf **Datei**.

3. Klicke im Menü auf den Eintrag **Jetzt speichern**. Und das war's schon! Das Programm ist jetzt im Internet gespeichert.

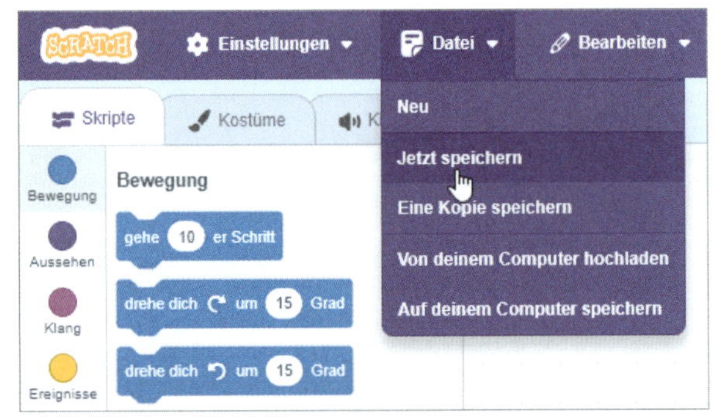

4. Um das Programm zu einem späteren Zeitpunkt wieder aufzurufen, klicke links neben dem Benutzernamen auf das Ordnersymbol 🗀.

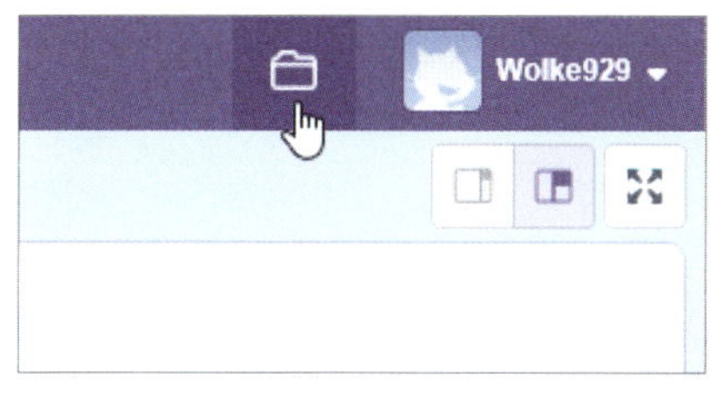

5. Bei dem Programm, das du aufrufen möchtest, klicke auf die Schaltfläche **Schau hinein**.

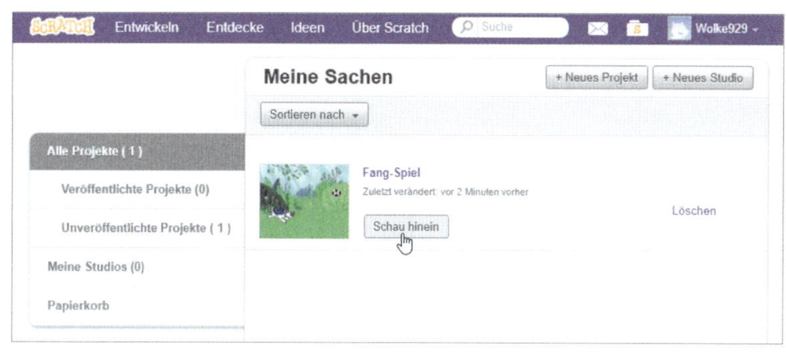

Falls du mehrere Versionen eines Programms erstellen willst, speichere ein Programm als Kopie ab. Dazu findest du im Menü aus Schritt 3 den Eintrag Eine Kopie speichern. Und möchtest du ein Programm wieder löschen, wähle ebenfalls das Ordnersymbol 🗀. Klicke dann bei dem Programm auf Löschen. Es befindet sich danach im „Papierkorb" und kann dort endgültig gelöscht werden.

Verwechsle nicht Speichern und Veröffentlichen!

Bist du bei Scratch angemeldet, wird dir neben dem Eingabefeld für den Programmnamen auch eine Schaltfläche **Zeige Projektseite** angezeigt, unter der du die Option **Veröffentlichen** findest. Veröffentlichen bedeutet, dass du das Programm auch für andere Nutzerinnen und Nutzer zugänglich machst. Nicht mit dem Speichern verwechseln!

Hier findest du weitere Scratch-Projekte

Auch ohne Anmeldung kannst du auf Projekte anderer Nutzer und Nutzerinnen zugreifen, die ihre Programme veröffentlicht haben. Die folgende Anleitung zeigt dir an einem Beispiel, wie du dazu vorgehst.

1. Öffne die Startseite von Scratch. Hast du gerade die Programmierseite geöffnet, klicke einfach auf das Scratch-Logo, um zur Startseite zurückzugelangen.

2. Klicke auf **Entdecken**.

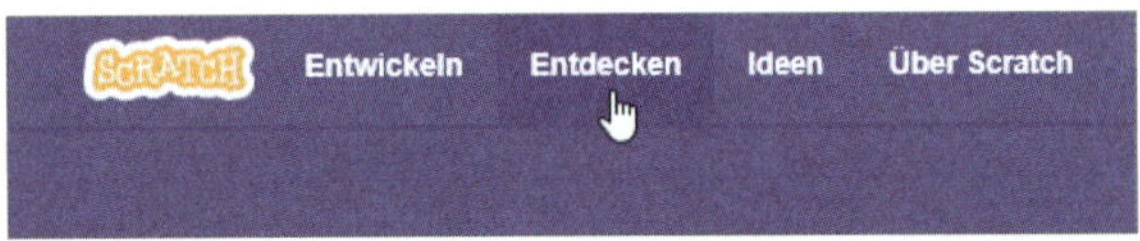

3. Nun werden dir zahlreiche Projekte gezeigt. Du kannst diese nach der Art des Programms filtern. Lass dir zum Beispiel nur Spiele anzeigen. Um ein Projekt anzusehen, klicke es an.

Klicke auf diese Schaltfläche, um nur die Spiele anzuzeigen.

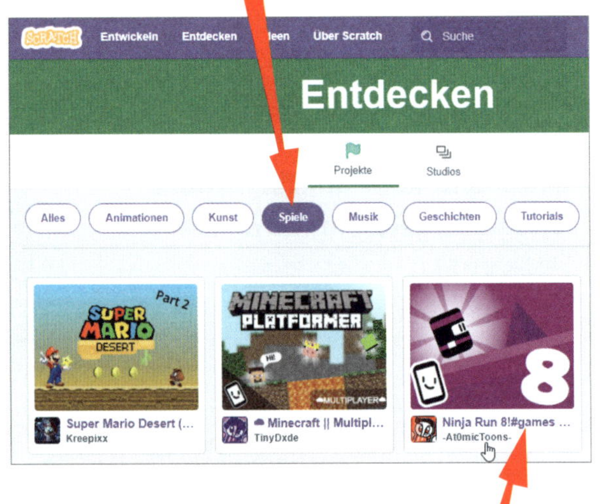

Wähle ein Projekt mit einem Mausklick darauf aus.

4. Du erhältst nun nähere Informationen zu dem Projekt, oftmals allerdings auf Englisch oder in anderen Sprachen. Möchtest du das Programm sehen und ausführen, klicke auf **Schau hinein**.

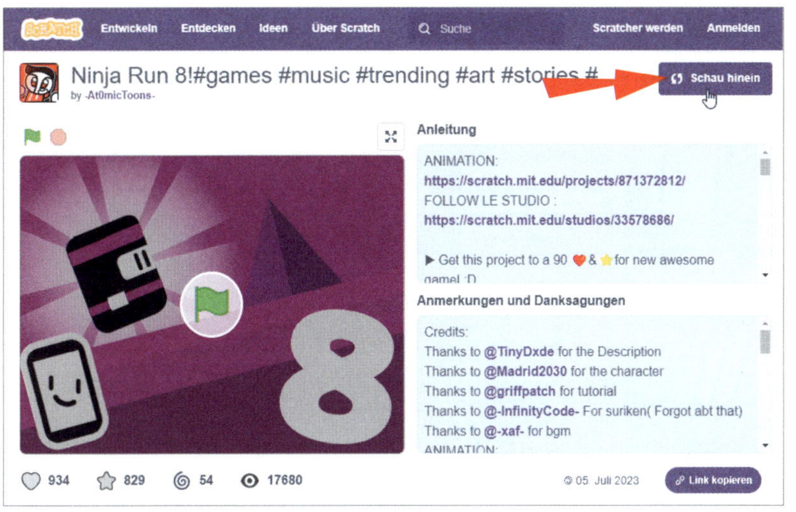

Einige weitere Projekte findest du, wenn du oben auf der Scratch-Startseite auf Ideen klickst. Auf der Ideenseite findest du zum einen verschiedene Anleitungen, zum anderen aber auch die Schaltfläche Zu den Einsteigerprojekten, mit der du einfachere Scratch-Projekte aufspürst.

5. Jetzt siehst du das Programm und kannst dieses erkunden und ausführen. Aufgepasst: Manche Programme sind ganz schön umfangreich!

Was ist ein Remix?

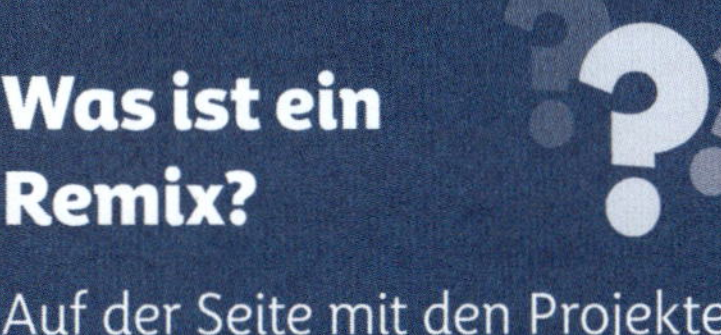

Auf der Seite mit den Projekten stößt du auf das Wort Remix (das sprichst du Rihmix). Jeder darf bei Scratch ein veröffentlichtes Projekt verändern und als sogenannten Remix veröffentlichen.

13 Wichtige Tasten und Wörter

Zum Schluss erhältst du noch einen Überblick über wichtige Tasten und Wörter. So kannst du immer schnell nachschlagen, wenn du nicht genau weißt, welche Taste in einer Anleitung gemeint ist, oder falls du ein Wort rund um das Programmieren noch nicht ganz verstehst. Gib nicht auf, sondern lerne dazu!

Wichtige Tasten

Wenn du die Programme in diesem Buch umgesetzt hast, so hast du verschiedene Tasten verwendet, die wir dir hier noch mal in einem kleinen Überblick vorstellen.

Linke und rechte Maustaste

Diese beiden Tasten befinden sich an der Maus, mit der du den Mauszeiger auf dem Computer steuerst. Bei einem tragbaren Computer können sie sich jedoch auch an einem Touchpad (das sprichst du: Tadschpäd) befinden, das in die Tastatur eingebaut ist. Mit der linken Maustaste führst du Befehle aus. Oder du ziehst ein Element bei gedrückter linker Maustaste an eine andere Stelle. Mit der rechten Maustaste öffnest du ein Kontextmenü.

Umschalt-Taste

Die ⇧-Taste dient vor allem dazu, zwischen der Groß- und Kleinschreibung von Buchstaben umzuschalten. Manchmal erhältst du aber auch beim Anklicken eines Symbols andere Funktionen, wenn du es bei gedrückter ⇧-Taste anklickst. Klicke zum Beispiel das Fahnensymbol im Anzeigebereich (⚑) bei gedrückter ⇧-Taste an, um das Programm im Turbo-Modus auszuführen.

Eingabe-Taste

Die ↵-Taste dient dazu, Eingaben zu bestätigen. Gibst du zum Beispiel einen Text in einen Block ein, drückst du anschließend die ↵-Taste. Damit wird die Eingabe bestätigt und gleichzeitig beendet.

Leer-Taste

Mit der Leer-Taste wird beim Schreiben von Texten ein Leerzeichen erzeugt, also eine leere Stelle. Das ist besonders wichtig, um Wörter voneinander zu trennen. In Scratch kannst du die Leertaste aber auch dazu verwenden, um ein Programm oder einen Programmteil auszuführen.

Pfeiltasten

Auf den Pfeiltasten ist jeweils die Pfeilrichtung abgebildet. Sie eignen sich prima, um eine Figur auf dem Bildschirm zu steuern: Die Taste → steuert die Figur nach rechts, die Taste ← steuert sie nach links. Mit der Taste ↑ bewegst du die Figur aufwärts, und mit der Taste ↓ bewegst du die Figur abwärts. Das klappt aber nur, wenn du ein passendes Programm schreibst, wie du es in diesem Buch gelernt hast.

F5-Taste

Die Taste F5 verwendest du, um eine Webseite neu zu laden. Lädst du die Programmierseite im Internet neu, so bewirkt das gleichzeitig, dass das alte Programm gelöscht wird und du ein neues Programm erstellen kannst. Sichere vorher das alte Programm, sonst geht es verloren!

Esc-Taste

In Kapitel 3 hast du die Esc-Taste dazu verwendet, um von der „Vollbildkontrolle" wieder zurück zur normalen Ansicht zu gelangen. Allgemein kann die Esc-Taste dazu dienen, nicht mehr gewünschte Prozesse zu beenden.

Strg-Taste

Die Taste Strg hast du in Kapitel 8 in einer Tastenkombination genutzt. Drücke die Taste zusammen mit einer oder mehreren anderen Tasten, um verschiedene Funktionen aufzurufen. Die in Kapitel 8 kennengelernte Tastenkombination Strg + A steht für die Funktion: „Alles markieren!".

Auf einer Tastatur gibt es natürlich noch viel mehr Tasten. Manche Tastaturen bieten zum Beispiel Tasten, um die Lautstärke zu erhöhen und zu verringern oder um den Ton komplett aus- und wieder einzuschalten. Doch die hier vorgestellten Tasten sollen fürs Erste genügen.

Wichtige Wörter

Nun werden dir noch einige wichtige Wörter vorgestellt, die beim Programmieren mit Scratch wichtig sind. Einige der Wörter wurden dir schon in den vorigen Kapiteln erklärt, aber hier erhältst du noch mal alles im Überblick.

Animation

Das Wort Animation kommt aus der lateinischen Sprache – „animare" bedeutet „zum Leben erwecken". In Scratch bewirkst du eine Animation durch Kostümwechsel.

Bedingte Anweisungen

Bei einer bedingten Anweisung gibst du eine Bedingung vor („falls") und eine Aktion, die ausgeführt wird, wenn die Bedingung erfüllt ist.

Bildpunkt

Auf verschiedenen Bildschirmen werden Dinge in unterschiedlichen Größen angezeigt. Deshalb wird die Schrittlänge einheitlich in Bildpunkten angegeben. Alles, was du auf dem Bildschirm siehst, setzt sich aus Bildpunkten in verschiedenen Farben zusammen. Zu einem Bildpunkt kannst du auch Pixel sagen.

Bildschirm

Der Bildschirm ist ein sogenanntes Ausgabegerät. Auf ihm werden dir die Programme angezeigt.

Browser

Der Browser ist ein Programm zum Öffnen und Betrachten von Seiten im Internet.

Bühnenbild

Das Bühnenbild stellt den Hintergrund in einem Programm dar. Du kannst innerhalb eines Programms zwischen mehreren Bühnenbildern wechseln.

Code

Das, was du programmierst, wird auch als Code bezeichnet. Ein anderes Wort für den Code lautet Skript.

Community

Community ist das englische Wort für Gemeinschaft. Das Wort wird auch für eine Internet-Gemeinschaft wie die Scratch-Community verwendet.

Computer

Der Computer ist eine elektronische Rechenmaschine. Es gibt verschiedene Arten von Computern, zum Beispiel den großen Desktop-Computer und den tragbaren Tablet-PC.

Cursor

Der Cursor ist eine Markierung, die dir zeigt, wo die nächste Texteingabe erfolgt. Meistens wird der Cursor als blinkender senkrechter Strich dargestellt, wobei er aber auch oft Querstriche hat.

Datei

Eine Datei kannst du dir wie einen Schulhefter vorstellen. In einer Scratch-Datei ist alles gesammelt, was zu deinem Programm gehört.

Debuggen

Beim Programmieren kommt es öfter vor, dass sich kleine Fehler einschleichen. Zum Beispiel befindet sich ein Block nicht dort, wo er hingehört. Solche Fehler zu finden und zu beseitigen, gehört auch zum Programmieren. Man nennt das Debuggen.

Dialog

Wenn zwei oder mehr Personen miteinander sprechen, nennt man das Dialog. Spricht eine Person hingegen nur mit sich selbst, ist es ein Monolog.

Drag-and-drop

Wenn du einen Block bei gedrückter Maustaste in den Programmbereich ziehst, so nennt man das auch Drag-and-drop. Es ist Englisch und bedeutet übersetzt „Ziehen und Fallenlassen“. Auf einem Tablet-PC ziehst du einfach direkt mit dem Finger statt mit der Maus.

Duplizieren

Statt verdoppeln findest du in Scratch und in vielen anderen Programmen auf dem Computer das Wort duplizieren. Die Bedeutung von verdoppeln und duplizieren ist die gleiche.

E-Mail

Der deutsche Begriff für E-Mail ist elektronische Post. Eine E-Mail ist ein elektronischer Brief, der übers Internet verschickt wird.

Erweiterung

Mit Erweiterungen machst du zusätzliche Kreise und Blöcke in Scratch verfügbar, zum Beispiel, um Musikinstrumente zu spielen oder Text in Sprache umzuwandeln.

Fenster

Die Oberfläche, auf der du ein Programm bedienst, wird auf einem Computer in einem Fenster, dem Programmfenster, geöffnet.

Figur

Die Programme in Scratch werden Figuren zugeordnet. Eine Figur muss aber nicht unbedingt ein Gesicht, Arme und Beine haben. Eine Figur könnte auch ein einfacher Punkt oder eine Linie sein.

Installation

Viele Programme müssen auf dem Computer zuerst installiert werden, damit sie verwendet werden können. Installation bedeutet, dass verschiedene Einträge ins System geschrieben und passende Ordner und Verknüpfungen angelegt werden.

Internet

Das Internet ist einfach ein Zusammenschluss von vielen Millionen Computern auf der ganzen Welt. Einige dieser Computer sind sehr groß und speichern unzählige Daten. Auf diese Daten kannst du von deinem eigenen Computer aus zugreifen, selbst wenn sich der andere Computer in Amerika befindet.

Klang

Egal, ob ernstes Musikstück oder witziges Geräusch – in Scratch wird das alles „Klang" genannt.

Kommentar

Mithilfe von Kommentaren baust du Hinweise in deine Programme ein, um bestimmte Programmteile auch noch nach längerer Zeit verstehen zu können.

Konstante

Die Konstante ist das Gegenteil der Variablen – im Gegensatz zur Variablen hat die Konstante stets denselben Wert.

Kostüm

Eine Figur kann mehrere Kostüme haben. Dies bedeutet einfach, dass die Figur mehrere unterschiedliche Erscheinungsbilder annehmen kann. Ein Beispiel dafür ist, dass die Katze ihr Bein einmal nach vorn streckt und einmal nach hinten zieht.

Kontextmenü

Kontext bedeutet Zusammenhang. Ein Kontextmenü ist also ein Menü, das in einem bestimmten Zusammenhang aufgerufen wird. Du erhältst ein Kontextmenü zum Beispiel, indem du in Scratch mit der rechten Maustaste auf einen Block oder in den Programmierbereich klickst.

Lautsprecher

Der Lautsprecher dient dazu, Klänge wiederzugeben. Ein Lautsprecher kann bereits in den Computer eingebaut sein. Falls nicht, muss ein Lautsprecher angeschlossen werden. Alternativ kannst du auch einen Kopfhörer verwenden.

Mausklick

Der Mausklick dient auf dem Computer dazu, eine Aktion auszuführen oder eine Auswahl zu treffen. Er wird mit der linken Maustaste durchgeführt. Auf einem Tablet-PC erfolgt der Mausklick durch einen Fingertipp.

Menü

Ein Menü bietet dir eine Auswahl unterschiedlicher Funktionen. Zum Beispiel findest du auf der Scratch-Seite unter **Datei** ein Menü zum Speichern und Öffnen von Programmen.

Mikrofon

Ein Mikrofon ist ein Gerät zur Aufnahme von Klängen. Mit einem Mikrofon können direkt in Scratch Klänge aller Art aufgenommen und in Programme eingebaut werden.

MP3

Ein wichtiges Format für Klangdateien heißt MP3. Bei diesem Format werden Teile, die sowieso nicht gehört werden, gelöscht. Dadurch sind die Klangdateien recht klein und fürs Internet bestens geeignet.

Offline

Offline bedeutet hier „ohne Internetverbindung“. Wie dir in diesem Buch gezeigt wurde, kannst du auch offline mit Scratch programmieren.

Operator

Operatoren dienen dazu, Berechnungen durchzuführen. Zum Beispiel ist das Pluszeichen + ein solcher Operator. Mit ihm zählst du etwas zusammen. Aber du verwendest zum Programmieren auch etwas schwierigere Operatoren wie etwa das Zeichen <, das „kleiner als“ bedeutet.

Profil

Machst du auf der Scratch-Seite Angaben zu dir selbst, so erstellst du dein Profil. Bleib im Internet aber lieber eine Unbekannte oder ein Unbekannter und gib nichts über dich preis. Denn im Internet drohen allerlei Gefahren!

Programmieren

Programmieren bedeutet, Computerprogramme zu schreiben, also dem Computer Anweisungen zu erteilen, was er zu tun hat.

Programmiersprachen

Es gibt sehr viele Programmiersprachen, in denen du Computerprogramme schreiben kannst. Scratch ist nur eine davon, und noch dazu eine, die du ganz einfach erlernen kannst.

Projekte

Als Projekte werden in Scratch die Programme bezeichnet, die du erstellst oder von der Scratch-Seite herunterlädst.

Registrieren

Erstellst du auf der Scratch-Seite ein Benutzerkonto, so registriert du dich damit als Nutzerin oder Nutzer.

Remix

Auf der Seite mit den Projekten stößt du auf das Wort Remix. Jeder darf bei Scratch ein veröffentlichtes Projekt verändern und als sogenannten Remix veröffentlichen.

Roboter

Roboter sind bewegliche Maschinen, die mit Programmen gesteuert werden können.

Schleifen

Schleifen nennt man beim Programmieren Vorschriften, mit denen ein Code wiederholt wird. Entweder wird eine bestimmte Anzahl an Wiederholungen festgelegt oder es wird eine Endlosschleife gewählt.

Skript

Das, was du programmierst, wird auch als Skript bezeichnet. Es ist also der Quelltext deines Programms. Das, was der Computer später ausführen soll. Ein anderes Wort für das Skript lautet Code.

Speichern

Speichere die von dir erstellten Programme auf dem Computer ab, um sie jederzeit erneut aufrufen zu können. Nicht gespeicherte Programme gehen verloren.

Speicherort

Der Speicherort ist entweder ein Laufwerk oder ein Ordner, den du auf dem Laufwerk angelegt hast. Dort kannst du deine Dateien speichern und wieder aufrufen. Nicht verwechseln mit dem Speicherplatz! Der Speicherplatz gibt an, wie welche Datenmenge auf einem Laufwerk gespeichert werden kann.

Startmenü

Das Startmenü dient auf verschiedenen Computern dazu, um Programme und andere Funktionen aufzurufen.

Stoppuhr

Die Stoppuhr ist eine Uhr, die nach dem Einschalten die Zeit von 0 an aufzeichnet. Stoppuhren kommen vor allem beim Sport zum Einsatz, aber eben auch bei Computerprogrammen.

Symbol

Ein Symbol ist ein Zeichen, das für eine bestimmte Funktion oder einen anderen Inhalt steht. Auf der Scratch-Seite findest du zahlreiche Symbole, zum Beispiel ein Mülltonnensymbol zum Löschen oder ein Fotosymbol zum Auswählen des Bühnenbilds.

Tablet-PC

Der Tablet-PC ist ein tragbarer Computer in Tablett-Form. Er verfügt in der Regel über einen berührungsempfindlichen Bildschirm, auf dem du deine Eingaben mit dem Finger vornimmst.

Tastatur

Die Tastatur ist ein Eingabegerät, mit dem Zeichen an den Computer übertragen werden. Oder einfacher gesagt: Du kannst mit einer Tastatur etwas auf dem Computer schreiben.

Text zu Sprache

„Text zu Sprache" bedeutet, dass du mithilfe der passenden Erweiterung einen Text eintippst, der dann vom Computer vorgelesen werden kann.

Turbo-Modus

Mit dem Turbo-Modus lassen sich Programme schneller ausführen. Das kann praktisch sein, wenn du mal ein längeres Programm schreibst und dieses zwischendurch testen möchtest.

Tutorials

Auf der Scratch-Seite findest du verschiedene Tutorials. Als anderes Wort für „Tutorial" kannst du „Anleitung" verwenden.

Variable

Im Gegensatz zur Konstanten kann die Variable unterschiedliche Werte annehmen – so wie du in ein Glas unterschiedliche Getränke füllen kannst.

Veröffentlichen

Möchtest du, dass auch andere Scratch-Nutzer ein von dir programmiertes Spiel spielen können, kannst du dein Programm auf der Scratch-Seite veröffentlichen.

Verschachteln

Werden mehrere Befehle ineinandergestellt, nennt man das auch verschachteln. In Scratch wird das so dargestellt, dass die verschachtelten Blöcke immer weiter nach rechts wandern.

Verstecken

Wenn Figuren in einem Programm gerade nicht gebraucht werden, lassen sie sich verstecken („verstecke dich") und bei Bedarf wieder einblenden („zeige dich").

Virus

Ein Virus kann schlimme Krankheiten auslösen – nicht nur bei Menschen, sondern auch bei Computern. Computerviren sind nämlich Programme, die sich auf einem Computer einnisten und dort schlimmen Schaden anrichten können. Viele Computerviren werden übers Internet verbreitet, deshalb solltest du dort nichts öffnen oder herunterladen, was du nicht kennst!

Vollbildkontrolle

Lass ein Programm auf dem ganzen Bildschirm anzeigen, um noch mehr Spaß damit zu haben! Das Anzeigen auf dem ganzen Bildschirm nennt man auch „Vollbild" oder in Scratch „Vollbildkontrolle".

x-Achse

Die x-Achse steht für die Waagerechte, also das, was nach rechts oder links geht.

y-Achse

Die y-Achse steht für die Senkrechte, also das, was nach oben oder unten geht.

Wir hoffen, dass du Freude an diesem Buch hast und sich deine Erwartungen erfüllen. Deine Anregungen und Kommentare sind uns jederzeit willkommen. Bitte bewerte doch das Buch auf unserer Website unter **www.rheinwerk-verlag.de/feedback**.

An diesem Buch haben viele mitgewirkt, insbesondere:

Lektorat Erik Lipperts
Korrektorat Isolde Kommer, Großerlach
Herstellung Maxi Beithe
Layout und Typografie Eva Hepper
Einbandgestaltung Eva Hepper
Satz Christine Netzker
Druck Firmengruppe Appl, Wemding
Die Maus © I. Schmitt-Menzel, WDR mediagroup GmbH

Dieses Buch wurde gesetzt aus der WDR Die Maus (11,5 pt/15,6 pt) in Adobe InDesign.

Gedruckt wurde es mit mineralölfreien Farben auf chlorfrei gebleichtem, FSC®-zertifiziertem Offsetpapier (100 g/m²).

Hergestellt in Deutschland.

Bibliografische Information der Deutschen Nationalbibliothek: Die Deutsche Nationalbibliothek verzeichnet diese Publikation in der Deutschen Nationalbibliografie; detaillierte bibliografische Daten sind im Internet über http://dnb.dnb.de abrufbar.

ISBN 978-3-8421-0975-9

2., aktualisierte Auflage 2023

Vierfarben ist eine Marke des Rheinwerk Verlags. Der Name Vierfarben spielt an auf den Vierfarbdruck, eine Technik zur Erstellung farbiger Bücher. Der Name steht für die Kunst, die Dinge einfach zu machen, um aus dem Einfachen das Ganze lebendig zur Anschauung zu bringen.

Informationen zu unserem Verlag und Kontaktmöglichkeiten findest du auf unserer Verlagswebsite **www.rheinwerk-verlag.de**. Dort kannst du dich auch umfassend über unser aktuelles Programm informieren und unsere Bücher und E-Books bestellen.